基金项目资助：

黑龙江省哲学社会科学研究规划一般项目（16JYB12）；

黑龙江大学青年科学基金项目（QW201108）；

黑龙江大学重点规划处学科经费建设项目。

| 光明社科文库 |

国家治理视角下
政府责任审计机理与路径研究

孙永军 ◎著

光明日报出版社

图书在版编目（CIP）数据

国家治理视角下政府责任审计机理与路径研究／孙永军著． -- 北京：光明日报出版社，2020.2

ISBN 978 - 7 - 5194 - 5598 - 9

Ⅰ.①国… Ⅱ.①孙… Ⅲ.①政府审计—研究—中国 Ⅳ.①F239.44

中国版本图书馆 CIP 数据核字（2020）第 022060 号

国家治理视角下政府责任审计机理与路径研究

GUOJIA ZHILI SHIJIAOXIA ZHENGFU ZEREN SHENJI JILI YU LUJING YANJIU

著　　者：孙永军

责任编辑：曹美娜　黄　莺　　　　　责任校对：张　幽

封面设计：中联学林　　　　　　　　特约编辑：万　胜

责任印制：曹　净

出版发行：光明日报出版社

地　　址：北京市西城区永安路 106 号，100050

电　　话：010-63139890（咨询），010-63131930（邮购）

传　　真：010 - 63131930

网　　址：http：//book.gmw.cn

E - mail：caomeina@ gmw.cn

法律顾问：北京德恒律师事务所龚柳方律师

印　　刷：三河市华东印刷有限公司

装　　订：三河市华东印刷有限公司

本书如有破损、缺页、装订错误，请与本社联系调换，电话：010-63131930

开　　本：170mm×240mm

字　　数：184 千字　　　　　　　　印　　张：12.5

版　　次：2020 年 7 月第 1 版　　　　印　　次：2020 年 7 月第 1 次印刷

书　　号：ISBN 978 - 7 - 5194 - 5598 - 9

定　　价：78.00 元

内容摘要

本研究结合当前国家治理观念的转变与制度需求，围绕多元化审计目标的实现和落实，分析和构建政府责任审计机理与理论框架，探索了多元化政府责任审计的目标实现机制与选择，明确了多元化责任审计目标实现机制的基本问题。结合文献研究、实证研究和访谈调研，通过对国内外的实践经验的借鉴，提出国家审计推动国家治理的路径选择，以及政府责任要素和审计鉴证体系。本研究主要得出以下几个结论。

1. 权力自身具有法制和问责的内涵，国家审计正是基于权责到位的监督，明确制度推动和体现法治的作用。

2. 国家治理理论和监督体系理论的延伸需要研究政府责任整体性、系统性、差异性，国家审计应创新技术性、科学性、客观性，实现推动信息化和制度化建设。

3. 政府责任审计目标应与国家治理目标具有高度的一致性和具体的可操作性，当前审计目标制衡系统缺乏基于法治化的总体设计。目标定位除了具有"打"更应当"防"，传统的审计定位缺乏经济、效率、效果间的法制化机制和制度间的制衡。

4. 目标具有多元化特征，同时具有协同特点，体现国家治理的基本特征。清除实现审计目标中的障碍，应促进系统优化、信息共享、组织协同、公众参与的氛围形成。

5. 基于国家治理视角的政府责任审计目标实现机理表明，委托关系及其过程的合理化涉及责任审计的动力问题，即转型问题中的动力系统。由于传统"惯性"和"懈怠"行为，本研究主张完善政府责任重构与审计监督间的理论框架与路径。

6. 政府责任的多元化使责任考核应具有多角度性或多层次性，涉及国家层面、地方政府层面的组织模式和审计权力的保障，以及各级政府责任的审计鉴证与评价的完善。审计效果要素包括审计制度与能力、审计职责范围及审计环境。

7. 政府责任审计推动国家治理需要解决"信任"和"融合"命题，一是提升审计的层次和权力；二是增强审计对制度建设的评价和推力。外化路径与内化路径需要三大推动系统的支持，分别是分权基础（第一层次）、权责治理优化（第二层次）、功能转化（第三层次）。

目 录
CONTENTS

第一章　绪　论 ……………………………………………………… 1

　第一节　研究背景 ………………………………………………… 1

　　一、研究的必要性 ……………………………………………… 1

　　二、研究价值 …………………………………………………… 3

　　三、本研究的主要创新点 ……………………………………… 7

　第二节　研究内容与方法 ………………………………………… 8

　　一、关键定义 …………………………………………………… 8

　　二、研究内容 …………………………………………………… 11

　　三、研究目标与方法 …………………………………………… 12

　本章小结 …………………………………………………………… 14

第二章　文献回顾 …………………………………………………… 15

　第一节　国内外研究现状和发展趋势 …………………………… 15

　　一、国外研究 …………………………………………………… 15

　　二、国内研究 …………………………………………………… 24

　第二节　文献评述 ………………………………………………… 39

本章小结 ……………………………………………………… 42

第三章　国家治理视角下的政府责任审计机理与理论框架 …… 43

第一节　政府责任审计目标层次及多元性 ………………… 43

一、政府责任审计目标的层次 ………………………… 43

二、政府责任审计目标的多元化 ……………………… 45

第二节　目标视角下的政府责任审计理论框架与路径分析 …… 48

一、政府责任审计目标实现的机理 …………………… 48

二、目标视角下的政府责任审计理论框架 …………… 54

三、政府责任审计目标实现路径选择 ………………… 59

第三节　目标导向下政府责任审计的"逆向困惑"解析 …… 62

一、政府责任审计的目标困惑与保障 ………………… 62

二、政府责任重构及审计目标的分层 ………………… 64

三、目标视角下的政府责任审计的路径选择 ………… 66

本章小结 ……………………………………………………… 69

第四章　政府责任审计目标实现路径动因与选择 ………… 70

第一节　政府责任审计目标实现路径的基本问题 ………… 70

第二节　政府责任审计目标的实现路径动因分析 ………… 73

一、我国政府责任审计目标现状 ……………………… 73

二、目标实现路径的动因分析 ………………………… 74

第三节　政府责任目标实现路径优化 ……………………… 77

一、目标实现机制的基本构成 ………………………… 77

二、目标实现机制的现实路径 ………………………… 82

本章小结 ……………………………………………………… 83

第五章 审计目标实现路径的国内外对比与经验借鉴 ·········· 84

第一节 新公共管理下的政府变革 ···················· 84

一、西方主要国家行政管理的改革焦点 ·········· 84

二、我国政府行政改革发展的基本探索 ·········· 87

第二节 政府责任审计目标实现路径的中外经验和探索 ···· 90

一、政府责任审计参与国家治理的方式与途径 ···· 90

二、审计目标实现机制的国内探索 ·············· 92

三、我国政府责任审计的主要问题 ·············· 101

第三节 我国审计目标实现机制的经验借鉴与总结 ······ 107

一、完善政府责任审计目标的制定 ·············· 107

二、拓展目标实现的参与机制 ·················· 108

三、推动责任目标的落实 ······················ 108

四、攻克目标考评的障碍 ······················ 109

五、公开审计的结果 ·························· 109

六、提升审计的能力 ·························· 114

本章小结 ···································· 114

第六章 目标视角下的政府责任审计效果研究 ············ 115

第一节 政府责任审计效果的实证检验 ·············· 115

一、文献回顾 ······························ 115

二、研究假设与检验模型 ···················· 119

三、实证结果与分析 ························ 126

四、研究结论与下一步研究 ·················· 137

第二节 政府责任审计障碍的进一步剖析 ············ 138

一、长期绩效与短期绩效 ···················· 139

二、职责边界在法律与现实中的操作 ·········· 139

三、绩效评价内涵与外延的关系 ·············· 141

本章小结 ·· 143

第七章 基于目标视角的政府责任审计路径设计 ········· 144

第一节 政府责任审计推动完善国家治理的路径 ········· 144

一、政府责任审计推动国家治理的基本要求 ············· 145

二、我国政府责任审计推动国家治理的现实要求与探索 ··· 150

三、政府责任审计推动国家治理的路径选择 ············· 153

第二节 政府责任要素体系与审计指标 ················· 157

一、国家治理下的政府责任审计功能：需求与转变 ······· 158

二、政府责任要素与体系：服务功能的审计拓展 ········· 160

三、研究结论与局限 ··································· 167

本章小结 ··· 168

第八章 研究结论与未来展望 ························· 169

第一节 基本结论 ····································· 169

一、政府责任审计的本质 ······························· 169

二、审计目标与定位 ··································· 171

三、审计机理与路径选择 ······························· 172

第二节 未来展望 ····································· 176

一、本研究的不足 ····································· 176

二、未来方向 ··· 177

本章小结 ··· 178

参考文献 ··· 179

致　谢 ··· 189

第一章

绪　论

第一节　研究背景

一、研究的必要性

国家治理理论强调需要"多元化、负责任的治理主体"，在我国，体现为党领导下的政府、社会和市场共同参与的治理。改变传统的单一政府主体和行政命令管理模式，构建新型多元化主体和法治管理模式，是我国社会民主文明进步的重要标志。社会需求主要矛盾不单单是满足消费需要，还包括对公平正义的积极维护。因此，政府在受托责任框架中，既要做好多元化的民主改革，同时又要履行好受托经济责任。促进社会公平正义、增加人民福祉需要政府创新治理理念、治理体系和治理能力，更需要进一步增强治理的制度化和法制化。显然，政府责任审计能有效建立维护社会公众利益和对政府权力责任的监督评价平衡机制，可以促进国家治理的理念、体系和能力的不断完善。

不过，深层次的体制机制管理矛盾，以及传统政府行政治理方式和手段，让政府部门之间出现了权责不清、协作效率低下、资源浪费严重等低效率现象，甚至滋生了严重的腐败问题。中央与地方各级政府治理制度设计和执行偏差，严重阻碍了"好"政策的效果，阻断了基层民生、企业、事业单位的资金利用途径，更严重的是侵蚀了国家治理现代化进程大厦的根基。这些现象的原因相当复杂，包括思想意识、行为心理以及文化信仰等因素，也涉及制度约束、制度评价、制度监督等符合现实监管需求矛盾的现代治理工具的运用。

政府责任审计因具备良好的联结公众利益和政府管理职责的特殊性，而成为世界发达国家都极为重视的政府责任治理工具，和形成政府权力约束制度再安排之一。党的十八届三中全会（2013 年 11 月）提出："全面深化改革的总目标是完善和发展中国特色社会主义制度，推进国家治理体系和治理能力现代化。"新时代、新要求、新常态的背景下，国家机构设置、职能配置、履职能力必须与国家治理现代化要求相互吻合，出现了亟待解决和突破的问题。比如，一些领域党政机构重叠、职责交叉、权责脱节等现象比较突出，并且在较长时期内存在，降低了政策实效。因此，政府责任审计参与国家治理现代化的期望和需求在不断增强，其功能实现的程度影响着国家治理现代化转变的进程、政府职责体系转化的推动力、政府执政的可持续性。

政府责任审计目标应与国家治理现代化战略以及治理主体多元化的需要相一致，保持独立、客观、公正的鉴证、评价、监督本色，根据国家政治经济形势的要求设定不同的任务或具体目标。当前，"经济性、效率性、效果性、公平性、环保性"体现了政府责任担当的扩大化和复杂性，同时，也体现出不同社会主体对政府责任履行的广度不断加大，尤其是对政府涉及公众利益维护的满意期望的深度要求更高。从"管得了"转化到"管得好"，国家审计在"权力监督权力"的制度安排中，必须迎合不同社会主体需求多元化的趋势，促进政府治理的制度化、规范化、程序化，围绕资金、政策、管理不同着力点，优化政府信息公开、执法透明的渠道机制，提供强大的参与公共资源利用和公众利益配置的目标保障机制。信息化时代，政府责任履行信息的需求使国家审计正面临着传统工作方法的改进或变革，审计目标实现受到现实矛盾的挑战。

国家审计目标属于审计理论结构的核心要素（宋夏云，2008）。审计目标的变化主导了政府责任审计理论的发展，决定了审计范围、内容、程序与方法等要素的调整，从而引发政府责任审计的理论基础变化。在我国，国家治理理念引发了政府管理方式的转型，也使政府面临更大的管理责任与职能、权力规制与信息透明等方面的转变，公共责任的履行情况以及审计目标的完成情况备受关注。例如，财政资金的预算审计评价与监督、金融风险的审计评价与监督、环境污染治理的审计评价与监督、国家创新投入资金的审计评价与监督，都在目标基础上得到不断深化。国家治理现代化必然导致政府责任审计理论的深刻变革。

在我国政府提出向服务型、法制型政府转变的背景下，政府责任审计必须适应内外环境变化，推动政府管理的制度化、规范化、程序化，形成公平、公正的环境和法制，监督公共政策的履行情况和财政资金利用情况。这是一个艰难的博弈过程，也是一个复杂的社会问题。随着国家治理理论的丰富，各国政府在多元化责任的转变过程中，目标保障体制与实现方式存在诸多的差异。但基本点都是在探索将公共受托责任内容与标准的深化，甚至丰富审计目标的动态发展内涵。不过，满足审计需求与审计供给间的动态平衡，需要借鉴各国经验，以及针对我国特点进行创新，这是一个系统化的、科学化的、定量化的对比过程。我国在政府责任领域的有关绩效审计目标以及由此产生的机制研究尚不成熟（蔡春，2011；李晓慧，2011），分析审计目标的实现受到极大挑战，剖析社会监督体系与审计目标落实上的反差、审计功能与社会期望的反差、审计体制与质量控制的反差等诸多问题，以明确改革的措施和方向。

二、研究价值

（一）研究的理论意义

国家治理视角下的政府责任审计机理与路径研究具有以下几个方面的应用价值。

1. 完善国家治理内涵下的多元化政府责任审计目标运行机理。随着地方政府主体地位的渐渐形成、市场体制逐步建立、社会组织公共服务日益完善，治理多元化的责任必然面临着政府职责界限与组织制度保障等一系列深刻变革。中央与地方政府"互动式"治理机制，重构了政府间的权责体系，激发了治理活力，促进了政府职能的转化。但在政府职能转化和治理现代化进程中，审计体制、理念和手段的变化显然"契合性"滞后，这与政府职责分权和市场行为监督中的体系性不足有关，也与审计自身效益难以满足社会期望有关。因此，重新分析审计目标要素体系、转换机理，增强审计与政府治理适配性，创新审计理论基础，才会有效发挥政府"维护和促进公共责任"的基本职能。

2. 基于问题导向的国家治理理论融合其他理论的升级过程。当前，地方与中央职责关系已伴随改革深化进入升级转型的关键时期，政府治理能力的提高是亟待解决的关键问题。近些年来，地方政府治理问题不断，国家治理基石和现代化进程仍不牢固，经济、社会、生态、行政、法制等恶性事件频发。客观上，主要体现在政府管理职责未理顺、制度约束不到位、法制体系不健全等，进而极容易出现权力寻租、贪污腐败、漠视法规的现象。十九大报告提出加强民主法制改革，推进国家治理体系和治理能力现代化，就必须建立与"创新能力、协同能力、廉政能力、信息能力"相匹配的理论基础、运行机制、监督体系，构建治理新生态。因此，国家治理理论需要与组织发展理论、边界理论、协同理论、创新生态理论等交织耦合，形成具有中国特色的理论体系，才会满足国家发展需要。

3. 基于国家治理焦点下政府责任审计目标实现需要合理的框架和路径设计。审计本身是公共责任信息需求的供给主体，然而，公众对审计期望的落差恰恰说明审计工作目标实现存在诸多的障碍和不足。比如，当前我国法律制度规定在某些方面很健全，但为何屡屡"被突破、被忽视、被冲击"。在国有企业审计中，审计追责极易转变为"内审"而不了了之。对政府官员责任认定和追责的权限往往被限制，使审计流于形式。这些问题的背后体现了国家治理的难点——制度体制对审计路径和作用的限制。2018年我国推行"中国共党中央审计委员会"制度，其效果尚未显现，但原有的深层问题依然没有解决。探索审计政策、技术、机制等障碍将有助于进一步创新思路、丰富方法、加强质量控制。围绕审计目标构建高效的审计机制，将使审计功能得到强化。审计不一定总以风暴的形式出现，人们应当更多地去关注审计本质作用的发挥，关注责任和责任履行情况（崔振龙，2005）。

4. 基于国家治理能力提升需求的责任审计目标契合机制的构建设计。在我国情境下,政府责任审计目标实现的根本特点和困惑,涉及与国家治理匹配的审计分权制度、组织体系以及实现机制的相互关系。契合机制与国家治理能力的适配机制,需要审计的全面性、系统性、互动性、建设性。理论上深化审计路径框架体系、设计路径框架,将有利于审计工作的落实。近年来在我国审计长年度审计工作情况报告中,财政资金被挤占挪用、损失浪费严重、内部控制不健全等已经成为"惯用词汇",大有"屡改屡犯,屡犯屡改"的意味,审计工作陷入"审计——发现问题——整改——再审计——发现类似问题——再整改"的循环之中。本研究关注了政府责任审计契合机制,重新理顺审计目标与实现机制的统一,完善和优化审计供需机制的协同效果,将有助于推动国民经济产业升级和技术创新(蔡春,2011)。

5. 更新和完备现有政府责任审计理论应用体系。完备多目标基础上的审计理论体系建设和理论基础研究;构建和完善审计目标、政府责任以及政府责任审计的机理与框架;拓展和设计审计目标的保障机制、实现机制,并提供系统性支持论证;创新研究内容与方法、对比和借鉴国际先进理念,丰富理论内涵。探讨和提出适应改革开放和民主法制建设的政府责任审计目标的设定、实现、保障的具体途径;创新多目标视角的政府责任审计完备机制、协调机制、权力制约机制以及责任追究机制等建设;完善和丰富政府党政领导的责任考核体系与机制,强化责任分担与监督评价。

(二) 研究的应用价值

1. 探索国家治理下的审计目标层次体系和审计实效机制。在国家治理内涵中,一些重要的思想需要融入审计目标和体系,其层次、范围、体系将影响人们对审计的功能和职责的认知,甚至影响审计人员对被审计对象的认知程度,不利于制度与法规建设。因此,应用上需要"精确改革",而改革的难点是与政府治理能力的"契合",如何构建"契合机制",如何运行"契合机制",如何实现"审计目标",将有助于政府主要领导一手抓"治理现代化",一手抓"审计评价监督",两者相辅相成,相得益彰。

2. 丰富法制化建设与民主化建设下的审计部门信息公开、透明机制。政府责任的关键在于"绩效实现"，绩效实现的关键在于公平、公正的信息监督。责任政府与其他形态政府的根本区别是其为以责任为本位的政府，在根本上颠覆了传统政府以权力为本位的逻辑，是人民利益得到根本保障的必然要求。我国政府是许多法规的制定者和执行者，因此，权力与利益的交互关系，使政府行为缺乏公信力与说服力，也就是说，治理的主体多元化未能实现。审计的功能是对政府职责履行情况进行鉴证、监督、评价，并对公众说明其履行的具体情况。目前，我国推进同级人民代表大会的预算草案审计、预算决算审计就是促进信息公开的一种尝试。但其他领域和部门的财政审计工作信息提供依然存在诸多问题需要解决。本研究结合政府责任多元化和治理生态特点，深刻剖析审计权力制约机制的关键环节，从而建立健全审计信息公开渠道与机制，严格规制政府权力行使的范围。

3. 探索审计问责制度的实现方式。审计署及相关机构正在进行包括问责制在内的审计目标调整、落实与保障机制建设。"现代民主社会中，政府审计是受人民委托对国家管理者承担的公共受托责任进行的监督"，但由于我国审计机构隶属于政府并借助政府执行审计目标，中央与地方利益的冲突使目标落实受到阻碍，政府职能转变步伐较慢不能满足多目标的需求，责任追究"不到位"的矛盾突出。同时，多部门协作与落实追责容易出现"偏差"。此外，审计部门在行政模式下也容易出现多环节的行政干扰或者审计人员腐败。因此，如何突破制度障碍和信息透明壁垒，除传统因素外，还涉及大数据、区域链等技术创新，是现代国家治理中的难点问题。

4. 探索多元目标基础下"全覆盖"审计操作模式和实现保障机制。2014年，国务院印发了《关于加强审计工作的意见》，首次在政府文件中提出并部署审计监督"全覆盖"。对"凡是公共资金、国有资产、国有资源、领导干部经济责任履行情况"都要审计；对涉及"稳增长、促改革、调结构、惠民生、防风险"的政策落实情况也明确要审计。政府投资的配套政策具有多重目标效果，现有包括创新、升级、资金、技术等政策热门字眼颇多。审计除了传统审计领域，更应拓展对国家政策的建设效果和实效评价的功能。因此，设计全覆盖模式和保障机制，应考虑这一重要变革趋势，才会真正提升国家政策客观性、科学性和针对性，实现政府治理的软实力的提升。当前的审计机关管理体制，使审计条块化、碎片化、分散化，受到主客观干扰与影响环节较多，全覆盖的基础尚未成型。探索"全覆盖"审计操作模式和实现保障机制，有助于回应国家关切。

5. 深化和完善政府责任审计应用层面的建设。①探索解决政府责任审计的目标多元化与审计范围扩大化产生的定位标准、公共监督责任履行程度以及相应绩效评价上的难题。在积极推行问责制度的背景下，基于审计目标的实现和审计质量控制角度，探索和丰富审计问责的必备基础和现实条件。同时，随着问责制度的深化，剖析审计目标下的国家审计质量控制的运行机理、因素路径与合理的框架。②探索优化审计实践中的"困惑"疏解途径。目前，审计署正在实际工作中不断深化审计质量的控制措施，但从实际效果上表现出许多问题，其中如何从总体上把握政府责任审计效果缺乏判定的标准和体系，围绕审计目标与实践环节的理论框架是亟需解决的问题。以此为视角探讨国家审计目标实现机理、框架具有紧迫性。③政府责任审计过程中出现了"责任认定难""责任追究难"的局面，除复杂的环境因素外，技术上对干部责任的认定必须做到客观、准确和公正。现行的管理更关注审计质量的程序化建设和严格的制度建设，但尚未关注到国家审计主体的行为选择引导、职业道德与伦理建设以及环境的影响对质量目标的推动作用。

三、本研究的主要创新点

1. 研究内容。丰富和构建国家审计在国家治理中的新内涵以及应具有的构架体系；基于多元化的政府责任目标，明确审计机理与实现基础，探索审计的功能转化与目标定位，确立审计的基础路径；基于审计监督全面覆盖，拓展政策协调功能，增强经济实效评估作用；基于政府治理能力转型升级，构建适配性高的审计契合机制；明确审计目标分层和考核体系，深化审计目标的问责制度，探索"制度笼子"的优化方式和法制化建设途径。同时，针对制度叠加、信息壁垒的负向性，检验国家政策实效——创新审计定量研究和审计案例研究。采取适当的研究方法，进一步丰富政府责任审计目标要素和效果评价体系。因此，本研究是一次系统性深化政府责任审计目标实现的过程。

2. 研究方法。一是文献梳理尚不全面。本研究利用 CitespceV 软件重新梳理国家治理现代化的热点和关键词，重新定位审计契合机制的未来趋势。二是寻求研究手段的突破。由于国家审计的特殊性，多数研究关注规范性的研究，实证性的研究偏少。尝试寻求政府责任实效性检验。三是丰富研究角度。政府治理能力应具有横向和纵向延伸角度，涉及审计机理的定位与拓展，以及现代审计功能升级，尤其是政府政策实效的评估、评价体系布局。四是方法的多样性。依据研究的内容，涉及文献聚类分析效果的实证检验，以及案例分析。本研究基于审计质量控制的特殊性，试图通过逻辑分析解决理论基础和目标构架问题，并由此采用官方数据对"因素"进行筛选，同时提供审计责任评价基本模式，运用定性与定量方法，克服本领域中一直以来的研究数据的困惑和研究结论上的不足。

3. 实践工作。本研究结合了审计工作中的一些热点问题，力图通过审计工作一线人员的现状梳理相关问题：目标、路径、对策。研究中许多数据的调查是基于这一角度展开的，一些观点也具有实践中的探索性，尤其丰富了理论与实践问题的衔接。

第二节　研究内容与方法

一、关键定义

（一）政府责任审计目标

目标是个人、部门或整个组织所期望的成果，或者指企业或组织所指向的终点。

总的来说，政府审计目标是监督财政财务收支的真实性、合法性和效益性。真实性是用于确定财政财务收支是否真实存在、是否已经发生，以及有无差错、虚假、舞弊行为等；各种经济信息是否客观、真实、全面、正确地反映了实际的财政财务收支状况和经营管理成果；政府各项经济责任是否如实履行，向社会和公众所发布的信息是否真实无误，所做承诺有无如约兑现等。合法性是指确定各项财政财务收支是否符合法律规章等的规定，包括财政财务收支的发生是否违反法律规定，财政财务收支程序是否合法，各项会计处理是否遵循了法律和会计准则的规定；审计监督政府是否依法行政、规范行政，其行政执法行为是否客观、公正等。效益性是指着重解决财政财务收支活动是否符合经济学（Economy）、效率性（Efficiency）、效果性（Effectiveness），即"3E"审计，以实现经济效益、社会效益和环境效益。

政府责任审计目标从层次上可分为总体目标和具体目标，两者相互联系又相互推动。它是政府责任在共治共享模式下应体现出的真实性、合法性、效益性的审计监督期望。本研究所指审计目标应包括国家治理内涵，具有与政府治理现代化或治理能力提升相适应的战略性、层次性、针对性，借此深化对目标的认知。

（二）政府责任审计

政府责任审计的基础源自政府责任。政府责任不同于责任政府，但责任政府的转型决定了政府责任的变化，也影响了政府责任审计。因此，这一概念涉及三个问题：一是政府责任；二是责任政府；三是政府责任审计。政府责任，具有广义与狭义两种理解。广义而言，政府责任是政府能够积极地对社会公民的需求做出回应，并采取积极的措施，公正、有效率地实现公众的需求和利益。狭义而言，政府责任是政府及其公务人员违反法律规定的义务、违法行使职权时，所应该承担的否定性的法律后果。"责任政府"作为一种新的行政法理念，是指具有责任能力的政府在行使社会管理职能的过程中，积极主动地就自己的行为向人民负责；政府违法或者不当行使职权，应当依法承担法律责任，实现权力和责任的统一，做到"执法有保障、有权必有责、违法受追究、侵权须赔偿"，这体现了典型的国家治理理念。我国并没有政府责任审计，而是以经济责任审计替代。经济责任审计是我国审计实践的创新，世界大多数国家没有这样的审计类型。它是本研究针对性讨论的问题。本研究认为明确政府责任是建立责任政府的基础，政府责任审计有效契合国家治理体系，才会发挥适配效应。本研究所指政府责任更倾向于责任型政府角度的定义，因此涉及国家治理理念。

（三）国家治理

国家治理是国家政府权力的所有者、管理者和利益相关者等多元行动者在一个国家范围内对社会公共事务的合作管理，其目的是增进公共利益、维护公共秩序。国家治理的概念继承了国家统治和国家管理概念的某些要素，比如，强调以维护公共秩序增进公共利益为目的。国家治理体现现代社会发展和政府管理同步变革的思想，即与现代国家的责任和职能相一致。从这个意义上说，政府责任审计目标应当体现国家治理的价值目标，是多方力量博弈均衡化的结果。国家治理体系是一组紧密关联、相互协调的政策制度、法律法规、体制机制的组合。实施和组织这些制度的执行过程，体现了政府治理能力的高低。

此外，国家治理主体（政府、市场、社会）的多样性、层次性，和中央与地方政府的分权管理，大大影响了中央与地方政府治理的一致性、系统性、互动性。比如，"秦岭违章别墅拆迁"中体现出了地方政府治理现代化进程中的发展缺陷。国家治理是结构性的动态均衡调试的过程，审计目标和实现体系会随之产生变化。党的十八届三中全会通过的《中共中央关于全面深化改革若干重大问题的决定》提出，"全面深化改革的总目标是完善和发展中国特色社会主义制度，推进国家治理体系和治理能力现代化"，突出了民主化、法制化、文明化、科学化要求。

（四）政府治理能力

政府治理能力是政府创新能力、协同能力、廉政能力、信息能力的综合，具有历史基础和成长过程的统一性，具有中央政府治理能力和地方政府治理能力之分。政府治理能力是运用国家制度管理社会各方面事务的能力，包括经济、社会、生态、环境等诸多领域。没有政府治理能力，再好的改革方案、制度政策、实现机制都无从谈起。

（五）政府绩效

政府绩效是政府社会经济管理活动的结果，体现为政府治理的效率、效益指标，普遍应用于文化、经济、社会、政治领域。政府绩效是衡量政府服务水平、法制透明程度、运营环境维护的重要依据，也是国家治理现代化的重要评价基础。在政府责任审计中，鉴证、评价和监督需要制定审计标准、审计范围、审计技术、审计方法，客观评价被评价主体的责任，考核资源、资产、资金等实现的效益质量，以及政策执行实效性。同时，政府绩效考核必须符合科学、客观、公正的要求，政府责任审计的方法、手段、技术面临挑战。此外，实现经济绩效的目的是为了实现社会绩效，保持国家安全、社会稳定、居民安居乐业。政治绩效是整个政府绩效的中枢。实现经济绩效和社会绩效需要政治绩效作为法律和制度的保证和保障。

（六）国家治理现代化

十八届三中全会开创性地在《中共中央关于全面深化改革若干重大问题的决定》中提出建立国家治理现代化，符合我国国家治理现实要求。它是继工业现代化、农业现代化、国防现代化、科学技术现代化之后的新目标、新战略，是国家执政理念的大飞跃，是国家统治、国家管理演化的新结果和新阶段。

二、研究内容

本研究的基本研究内容及研究思路，如图1.1所示。

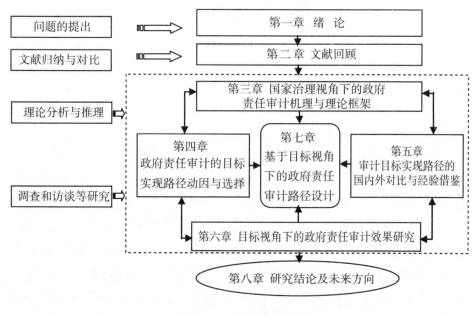

图 1.1　研究基本思路

三、研究目标与方法

（一）主要目标

本研究的目的在于三点。①对比研究相关国家政府责任审计目标的内容与理念，对我国多元化目标形成的内涵与内容体系进行必要探索，尤其是理顺国家治理理念下审计目标应产生的内涵变化。②探索与构建政府职能转型后审计目标控制的审计理论基础，丰富审计质量控制途径，包括政府责任的深刻变化中制度化和法制化路径保障的理论支撑。③探索审计目标落实中的保障机制和协同机制，提出改革的建议。

（二）技术路线

主要的技术关键在于四点。

一是政府责任审计机理与理论框架的研究涉及审计基础理论，包括政府责任审计的主体与目标选择、范围与内容，尤其是我国政府责任审计的特点和背景，需要设计完整的、科学的、严谨的分析体系。

二是我国政府责任审计与外国典型观点内涵的异同、机制的差异以及国情的不同使研究必须对比和借鉴相关研究的成果，包括我国在政府责任审计中的创新优势与不足，需要全面的、客观的、具体的文献分析。

三是基于我国政府责任规制权力的行使和作用的范围，以及目前政府职能转型带来的挑战。政府审计目标的多元化与机制间的动因研究具有重要意义，准确把握多元化的目标需要调查、访谈和基层的反馈，需要细致的、严谨的、针对性的逻辑筛选过程。

四是在上述研究的基础上，明确和把握我国政府责任审计目标与机制间的问题与对策需要基础理论、因素分析和路径选择的研究，设计和构建合理的、可行的、有效的机制需要效果与效率的结合研究。

（三）主要研究方法

本研究以规范研究和实证研究结合为主要方法。首先，在文献分析、归纳、对比的基础上，综合运用经济学、管理学、统计学等相关基础理论构建审计目标下的政府责任审计的理论基础和基本框架。采用逻辑推理与理论分析明确政府责任审计目标多元化与机制动因，利用文献调研与理论对比明确中外审计目标与机制的运用和体系。其次，通过实地调查、访谈、咨询及等方式完成政府责任审计目标与机制现状和存在的问题分析。最后，经过总结、归纳和系统分析以及实证研究提出基于目标视角下的政府责任审计有效机制建设、调整的建议。

主要研究方法如图 1.2 所示。

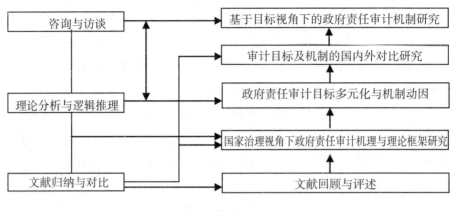

图1.2　主要研究方法

本章小结

　　本章主要阐述了研究的背景、价值，主要研究的目标内容和创新点。本研究认为，国家治理内涵的丰富以及公共利益需求的变化，引发了政府责任的复杂化和扩大化，社会上甚至出现了盲目化地将所有问题归咎于政府的错误做法。从审计学角度做到合理界定责任、评价责任和公开责任情况是其基本功能的体现。由于当前审计环境的变化，政府责任审计目标出现了多元化，并且产生了一系列的理论和实践问题，需要理顺目标、路径和对策间的选择。

第二章

文献回顾

第一节　国内外研究现状和发展趋势

一、国外研究

（一）国家治理研究

"治理"一词出现在西方并有百年历史，意指"特定范围内行使权威"，具有传统治理概念和现代治理概念两个不同阶段。治理的传统内涵经历了"控制、引导、操纵"和"统治、掌握、支配"的阶段。"治"意指不同于传统暴政并具有积极的成果驱动力；"理"体现出"梳理和管制"之意，但依然具有"统治""管理"的内涵。现代治理强调"在众多不同利益共同发挥作用的领域建立一致或取得认同，以便实施某项计划"。① 1989 年世界银行首次使用"治理危机"，在随后的 10 年间，理论和认识高度统一，全球治理委员会报告《天涯若比邻》（1995）和《国际社会科学杂志》"治理专号"（1998）是这种高度统一的标志性。当时社会上存在"管理危机"和"调节机制危机"，严重影响政府

---

① ［法］辛西娅·休伊特·德·阿尔坎塔拉．"治理"概念的运用与滥用［J］．国际社会科学杂志（中文版），1999（1）．

服务效率,尤其是政府过度膨胀导致社会分裂和行政信息受阻,损害了公共利益。也就是说,市场的失效和国家的失效,促成了治理理论的出现。研究者关注三个领域:一是国家治理内涵的界定。《全球治理委员会》认为,治理是"一种协调不同利益主体的行动",不仅包括强制性"正式制度",也包括非正式制度。詹姆斯·N.罗西瑙提出"治理是一种共同目标支持的活动,这些管理活动的主体未必是政府,无须依靠国家强制力实现"。格里·斯托克认为"现代社会国家正在把原先由它独立承担的责任转移给各种私人部门和公民自愿性团体",组成"自主的网络"和"合作",转移政府的行政管理责任。R·罗茨认为"应将市场激励机制和私人部门的管理手段引入政府公共服务",在"信任与互利基础上建立社会协调网络"。由于研究者们的出发点和角度不同,有关国家治理的定义依然存在争议。比如,国家治理"并不能由外界强加""是集体产物""新的工具和技术来控制或指引办好事""政府制定和实施规则以及提供服务的能力"等。二是有关国家治理能力的衡量研究。由于衡量标准的复杂性,现有研究争议较大。较经典的研究为丹尼尔·考夫曼和阿拉特·克拉伊提出的"用政府的选举、监督和更替过程""政府有效制定和实施合理政策的能力""公民和政府对经济社会互动制度的遵守"三个维度衡量国家治理能力。福山又提出了四维度衡量的标准,即程度性、能力性、输出性、官僚自主性。三是有关中国的治理模式。西方学者从中国历史进程角度提出不同观点,涉及精英治理模式、革命治理模式、直接治国模式等。显然,现有国家治理体系相关理论研究依然具有不确定性,理论争议一直存在。

"国家治理现代化"是基于传统研究之上适应环境需求而提出。(1)国家治理与多层次治理理论命题。20世纪90年代Marks等首先使用"多层次治理",试图超越传统学科边界,重新考虑中央与地方政府合作模式。而后,经济合作时与发展组织(OECD)采用了横向、纵向的"交叉协同"。地方治理是新研究点,Dreehsler(1993)认为地方政府治理是一个中立的概念,它关注特定政治个体的操作和管理的运行机制,并同时强调国家(层次一)、市场(层次二)

和社会（层次三）三方的互动①。Gerry Stoker（1999）也论述了治理的层次问题，将其分为三个层次的治理，第一层次的治理是一种日常的问题导向型的治理，第二层次的治理关注制度的维护，是在政府、市场、社会的层面讨论治理问题，第三层次是治理的治理，即治理的规范化研究，同时也包括如何评价治理的问题。Gerry Stoker（1999）还分析了在定义治理中的一些共同要素，强调系统的质量和规则，合作对于提高合法性、效能以及对新过程和公共——私人管理的关注②。Francis Fukuyama（2007）进一步提出治理通常包括了公共行政、利益主体多元化、网络管理方法及合法性③。西方地方治理的实践推动了地方政府治理理论的快速发展，地方政府要求更多的自主权，并对和其他各级政府、各类社会组织以及公民之间建立更大范围的合作关系有着更多的诉求，这些问题都需要有更深入的理论研究来指导地方政府的治理。西方学者在对地方政府治理研究过程中，各有不同的侧重点。Chandler（2001）就制度的完善及其他相关问题进行了研究，以地方政府治理的价值观作为研究对象，研究英国地方政府治理中地方政府采用民主制度的重要性④。Vincent A. Ostrom（2003）从地方政府治理的体制出发，提出一种多中心的政治体制，在美国地方政府治理的研究中提出应继续建立和完善地方公共服务体制⑤。Gerry Stoker（1999）从民主社会的构建角度探讨了英国地方政府治理中的地方政府与公民的相互关系，强调治理理论具有时间性和空间性特征，并概括政府在治理中有构建、解构与协调；施加影响和规定取向；整合与管理三项任务⑥。Richard C. Box（2014）将

---

① Dreehsler , M. Vanvliet. Governance and Public Management ［A］. Management Public Organization ［C］, United States：Sage Publishing Company，1993.

② Gerry Stoker. As a Theory of Governance：Five Arguments ［J］. International social science（Chinese Version），1999（1）.

③ Francis Fukuyama. National Construction：State Governance and World Order in the 21st Century ［M］. Beijing：China Social Sciences Press，2007.

④ J. A. Chandler, Local Government Today ［M］. Manchester：Manchester University Press. 2001.

⑤ Vincent A. Ostrom. 美国联邦主义 ［M］. 上海：上海三联书店，2003.

⑥ Gerry Stoker，华夏风. 作为理论的治理：五个论点日 ［J］. 国际社会科学杂志（中文版），1999，01：19－30.

美国社区治理制度变迁历史划分为四个宽泛的时代：精英控制时代（17、18 世纪）、民主时代（19 世纪）、职业主义时代（20 世纪）、公民治理时代（21 世纪）①。传统意义上的政府治理更多是狭义层面的政府内部治理，宏观层面的政府治理则是政府对公共事务的治理。Fukuyaxna（2013）将"政府治理"定义为政府制定和执行规则并提供公共服务的能力，可从程序指标、能力指标、结果指标、官僚自主性指标来考察治理质量。② 威廉（William）等（2000）提出过一个关于地方治理的概念，即对包括特定的地区内的卫生、治安、教育等的公共服务进行委托、控制和管理的过程。③ Gerry Stoker（2006）将地方治理界定为关于地方服务的委托、组织和控制，这些地方服务包括地方区域内卫生、教育、治安、基础建设和经济发展等。④ Steiner 等（2018）试图建立一个评估地方政府治理提供的分析框架，从不同的学术背景和学科，特别是从经济学、政治学或公共管理学的角度来看待地方政府治理提供的主题。⑤ Nancy Holman（2009）建议将社会资本、社区授权或能力建设等可持续性指标纳入地方治理结构⑥。

（二）国家治理与国家审计

许多学者对审计参与治理进行了研究，Liviu 等（2014）对国际金融危机下的罗马尼亚展开案例研究，论述相关资源利用的绩效审计在减轻经济危机影响

---

① Richard C. Box. 公民治理引领 21 世纪的美国社区［M］. 北京：中国人民大学出版社，2014：24 – 26.

② Fukuyama, F. What is Governance［J］. Governance, 2013, 26（3）237.

③ William L. Miller, Malcolm Dickson, Gerry Stoker. Models of local governance：public opinion and political theory in Britain. 2000.

④ Gerry Stoker, 游祥斌. 新地方主义、参与及网络化社区治理［J］. 国家行政学院学报，2006（03）：92 – 95.

⑤ Steiner, RetoKaiser, ClaireNavarro, CarmenTapscott, Chrisvan Thiel, Sandravan Thiel, Sandra. Is Local Always Better? Strengths and Limitations of Local Governance for Service Delivery［J］. International Journal of Public Sector Management, 2018, 31（4）：394 – 409.

⑥ Holman, Nancy. Incorporating local sustainability indicators into structures of local governance：a review of the literature［J］. Local Environment, 2009, 14（4）：365 – 375.

方面的作用。① Glynn 和 Muphy（1996）指出绩效审计通过提供信息，对现行决策的经济性、效率性和效果性进行评价，进而改进公共资源的运用。② Nagy（2012）指出欧洲最高审计机关通过降低政府支出、高效公共财政管理、增加信任、透明度和强化问责机制等形式，应对金融和经济危机导致的公共资源、公共资金等可利用资源缩减而利益相关者诉求提升之间的矛盾。③ 同时，还有少量学者对国家审计促进公共服务均等化以及公共投资绩效审计展开研究。Suzuki（2004）提到，政府审计的目标是履行公共责任，其中要突出对公共部门、公共权力、公共资金、公共资源以及政府服务的关注。公共服务是为公民利益而提供的，公民需要确保公共资源得到适当使用，并以高效和有效的方式满足预期目标，因此审计需要从公民角度看待问题。④ Boyne（2003）指出，关于公共服务绩效的评价在过去主要放在产出的数量、质量和服务的水平上，应将重心转移到社会公平、社会满意度的研究上。⑤ Dittenhofer（2001）提出，每个政府都应使用绩效审计来帮助管理维护全面的内部控制，尤其是高风险领域，其中效率、经济和效果是政府运作质量的衡量标准。⑥ Nobel（1995）指出，政府绩效审计作为市场机制的一种替代和补充，决定公共服务的效率性和效果性。⑦ Kreklow（2007）指出，绩效审计向政策制定者或管理人员提供有用的信息，帮

---

① Liviu, S., Mihai, P., Cerasela, S. Performance Audit of Resource Utilization During the Economic Crisis [J]. Ovidius University Annals, 2014, (12): 411 – 423.

② Glynn, J. J., Murphy, M. P. Public Management. International Journal of Public Sector Management, 1996, (9): 125 – 137.

③ Nagy, S. The role of Supreme Audit Institutions in fight against the consequences of financial and economic crisis: A theoretical approach. Mpra Paper, 2012: 513 – 520.

④ Suzuki. Basic structure of government auditing by a supreme audit institution. Government Auditing Review, 2004, (11): 39 – 53.

⑤ Boyne, G. A. Sources of Public Service Improvement: A Critical Review and Research Agenda. Journal of Public Administration Research and Theory, 2003, (3): 367 – 394.

⑥ Dittenhofer, M. Performance auditing in governments. Managerial Auditing Journal, 2001 (8): 438 – 442.

⑦ Noel, P. H. The role of performance audit. Public Money&Management, 1995, (4): 39 – 42.

助向更有可能取得成功的项目分配资源，以改善公共项目的效果。①

近年来，审计在参与腐败治理的过程中发挥的作用被日益重视。Gherai Dana 等（2014）认为最高审计机构的存在对政府有效性产生积极影响，最高审计机构的存在对腐败行为产生不利影响，而且至少，政府效率与腐败认识正相关。② Ferraz 和 Finan（2011）通过运用审计报告来构建地方政府政治腐败的新措施，并测试选举责任是否影响现任政治家的腐败行为。调查结果表明，加强政治问责制的选举规则在遏制政治人物的腐败行为方面发挥着至关重要的作用。Dana 等（2016）认为在控制其他因素后，权力更为广泛的最高审计机构的贡献更多的是减少腐败。Asiedu 等认为（2017）内部审计部门的规模和审计部门的独立性对内部审计职能的有效性有显著的影响，对腐败产生了不利影响。③ Eric Avis 等（2016）发现过去的审计将未来的腐败减少了，同时也增加了 20% 的后续法律诉讼的可能性，并且通过政治机构模型来解释这些缩减形式的结果，减少腐败主要来自审计工作。④ Peres 等（2014）探究了外部公共审计和政府效率与腐败认知之间的关系，他们认为最高审计机关的存在对政府有效性产生积极影响；⑤ Olken（2007）研究认为审计项目增加，腐败支出将减少。结果表明，即使是在高度腐败的环境中，传统的自上而下监督可以在减少腐败方面发挥重要作用。⑥ Ferraz（2012）借助巴西政府审计报告发现了加强政治责任的选举规

① Kreklow. Improving Organizational Performance through Performance Audits. Government Finance Review, 2007, (2): 62 – 64.

② Tara I G, Gherai D S, Droj L, et al. The Social Role of the Supreme Audit Institutions to Reduce Corruption in the European Union, Empirical Study [J]. Revista De Cercetare Si Interventie Sociala, 2016: 217 – 240.

③ Asiedu K F, Deffor E W. Fighting Corruption by Means of Effective Internal Audit Function: Evidence from the Ghanaian Public Sector [J]. International Journal of Auditing, 2017.

④ Avis E, Ferraz C, Finan F. Do Government Audits Reduce Corruption? Estimating the Impacts of Exposing Corrupt Politicians [J]. Textos Para Discussao, 2016.

⑤ Peress J. Media coverage and the cross – section of stock returns [J]. The Journal of Finance, 2009, 64 (5): 2023 – 2052.

⑥ Olken, B. A. Monitoring Corruption: Evidence from a Field Experiment in Indonesia [J]. Journal of Political Economy, 2007, (2): 200 – 249.

则在遏制政治家的腐败行为方面发挥着至关重要的作用。① Bologna（2015）在研究腐败对巴西城市商业活动影响时，借助政府随机审计数据探究两者关系。②

（三）国家审计机制变迁

1. 美国"3E"审计准则的完善和发展。美国会计总署虽在 20 世纪 60 年代起已将注意力转向政府部门的"3E"审计方面，即经济性（Economy、效率性（Efficiency）和效果性（Effectiveness）审计，并于 1972 年制定了《政府机构、计划项目、活动和职责审计准则》，强调对政府机构的财务和合规性审计、经济性和效率性审计，对计划项目进行效果审计。1981 年至 1988 年里根政府执政期间，美国大力推行市场导向的新自由主义价值观，重塑美国的"政府文化"，促使会计总署分别于 1981 年和 1988 年先后两次对"政府机构、计划项目、活动和职责审计准则"进行修订，并于 1988 年更名为"绩效审计准则"，这意味着原先的准"3E 审计"成为当代意义上的名副其实的"3E"审计。"国家绩效评估"项目的基本准则，是将通过服务于顾客、授权于雇员、致力于卓越，来重塑一个以人为本的政府；为此，将创造一种明确的使命感、下放权力与责任、用激励取代规制、开发基于预算的产出、用顾客满意来测量绩效。"国家绩效评估"通过侧重于重塑美国联邦政府行政文化；以信息化、准市场化、成本节约计划和充分授权来缩减政府规模，提高政府的运作效率；建立以绩效为基础的行政组织，通过充分授权和团队式管理来整体性提高联邦政府的工作绩效。美国会计总署自己也认为，这一准则是完美的，是经得起考验的，已为美国各级政府和审计界所公认，它对世界审计界也产生了重大影响。审计准则的制定和完善不仅使美国会计总署的"3E"审计走上规范化，而且也促使其所开展的"3E"审计更加成熟和有效。

美国最高政府审计会计总署与地方政府审计同样各自独立，使得分工明确，

① Ferraz C, Finan F, Moreira D B, et al. Corrupting Learning：Evidence from Missing Federal Education Funds［J］. Journal of Public Economics, 2012, 96（9 - 10）：712 - 726.

② Bologna J, A Ross. Corruption and entrepreneurship：evidence from Brazilian municipalities［J］. Public Choice, 2015. 165（1 - 2）：59 - 77.

便于集中精力做好自己的工作。对被审计单位没有处理权，但可以通过国会或国会听证会，促使其接受审计建议。与民间审计和内部审计组织之间，相互独立，有各自的执业领域和管理系统，只有政府部门的内部审计机构，要遵守政府审计制定的审计准则、在对政府部门实施审计时积极配合和协助审计。

2. 英国全国审计体系的创立与发展。英国 1982 年 5 月开始推行"政府财政管理项目"，它要求各级政府部门确立清晰的目标，并根据这些目标测量绩效、核算成本。为了支持政府财政管理项目的实施，英国还建立起政府财政信息系统。不仅如此，撒切尔内阁还提出著名的"3E 标准"，即节约（（Economy）、效率（Efficiency）和效益（Effectiveness），作为衡量政府行政管理和公共服务的最终尺度，而大规模引进私人部门管理技术也正是促进公共部门管理满足 3E 标准的重要手段之一。1983 年，议会通过了《国家审计法》，该法案明确规定：①以审计署取代国库与审计部；②审计对象受到明显的限制，只包括政府部门、行政代理机构、其他公共机构和一些国际组织，不包括国有化企业；③主计长有权对政府部门和公共机构进行绩效审计；④只限于对中央管辖的部门单位的审计，而地方政府另设有独立的地方审计委员会，负责地方政府的审计工作。创建这一审计体系的目的在于提高各级政府及其行政管理人员的财政管理能力，它既延续了第一阶段改革所追求的节约和效率的努力，也为第二阶段公共服务私有化打下了基础。随着全国审计体系的创立，英国公共部门也进入了所谓"审计爆炸"时期，各种形式的管理和财务审计与评价，以及相关的质量保证体系和明确的对活动结果的控制机制都逐步建立和完善起来，与此相应，政府花在管理咨询上的费用也逐年增长。在英国，审计署与民间审计组织是各自独立的系统，但它们之间存在着一些联系，主计审计长委派官员到英格兰、威尔士特许会计师协会任职，把一些特殊审计项目委托给民间审计组织。此外，审计署与职业会计师组织共同制定培训项目计划，鼓励新招聘的毕业生参加特许会计师和注册会计师资格考试。英国的政府部门一般设有内部审计机构，在《政府内部审计手册》中明确要求与审计署建立建设性的工作关系，审计署在确保独立性的基础上与内部审计合作，减少重复性工作，通过对内部审计机构工作的评价来确定审计的重点和范围。当然，审计署还有权检查内部审计工作成果和质量。依据有关法律，英格兰、苏格兰、威尔士和北爱尔兰各自建立了地方政府审计委员会，与审计署独立、互不干涉。

3. 加拿大则更为善治（Good Governance）。政府审计反过来依随民间审计职业团体关于会计、审计的建议。1975 年企业公司法规定：第 149 节所述财务报表和 163 节所述审计报告，除另有规定者外，应按照加拿大特许会计师协会在其加拿大特许会计师手册（CICA Handbook）中提出的建议编写。这一条款说明政府承认这个会计职业团体有权制定审计和会计细则。这反映出政府在修改其细则方面允许高度的灵活性，特许会计师协会为了适应客观经济环境的需要，修改手册比政府修改法规更容易、更及时。内部审计是一个独立的系统，与政府审计不存在领导关系和业务指导关系，但在开展综合审计时，审计人员要依赖内部审计组织的工作。

（四）政府责任审计目标

绩效目标（常被称为目的和责任，英文 Achievement imitates a target）由绩效内容和绩效标准组成，需要依据绩效考核的环境与需求不断地调整。最早的绩效考核起源于英国，也就是西方国家文官（公务员）制度，以减少"冗员充斥、效率低下"的政府工作的局面，根据考核结果的优劣，实施人员的奖励与升降。后来，美国将这一制度引入政府管理之中，建立"功绩制"，其他国家纷纷借鉴与效仿，形成各种各样的文官考核制度。各级政府机关通过对国家公务员的考核，有利于依法对公务员进行管理，优胜劣汰，有利于人民群众对公务员必要的监督。

国际上广泛流行的、传统的政府责任审计的目标是：实现经济性、效率性和效果性（即"3E"审计）。英国、美国、澳大利亚、加拿大等西方国家过去普遍采用这一目标体现对政府绩效的考核。不过，各国政府责任审计目标的内涵存在共性和差异，如 GAO 认为，"确保美国人民的福利和财务安全""帮助政府转变角色"的内涵与国际最高审计组织（INTOSAI）就有区别。但较为一致的是：政府责任审计总目标定位为独立地提供公共受托责任履行情况的鉴证信息（宋夏云，2008）。政府责任审计一方面可以监督和控制政府履行职责的状况，促进其良性运转；另一方面，可以为政府的决策提供依据，并促进信息透明。2014 年加拿大审计署曾对公共部门廉政专员办公室（PSIC）职责履行情况进行审计，发现了延期 18 个月才做出决定的延迟情况，同时，发现经办人员职责定位不清晰，工作流程不顺畅，高级管理人员监督不到位，对举报人的保密不严格等突出矛盾。显然，政府责任审计目标的实现一直备受困扰。

国外的实践表明，国家审计的总目标存在相对性，具体目标随着公共受托责任的发展而调整，并由现行的真实性、绩效性的目标向兼顾政策有效性转变（YOSHIMI，2002）。有学者认为，公共受托责任本身包括分权责任与协同责任以及资源责任（B. Smith，1980），应基于政府责任考虑对审计具体目标的调整。Percy（2001）提出了"最佳价值"审计框架：政府责任审计应当以最佳价值为最终标准，即低成本并不代表最佳价值，真正的最佳价值是审计过程而不是审计产出。审计师通过实施"最佳价值"审计，评价组织中是否存在可以持续改进经济性、效率性和效果性的制度安排，实现最佳价值。

二、国内研究

（一）国家治理和国家治理现代化研究

在我国学者的研究中，有关国家治理存在制度说、系统说等不同观点。其中，制度说强调"规则体系"，包括组织、规则、人员、制度和程序的合理协调。这一协调过程必须以一定"理念"为基础，并构成一个不同机制的体系（辛向阳，2014）①。系统说强调"众多要素的组合"，"所有参与治理活动的主体和客体打破各种割裂能够实现各种分工合作各层级权责匹配、各领域多面一体，所形成的整体观照相融合、纵向和横向互动的多层次的、立体化的宏大系

---

① 见辛向阳. 推进国家治理体系和治理能力现代化的三个基本问题［J］. 理论探讨，2014（2）；郑言，李猛. 推进国家治理体系与国家治理能力现代化［J］. 吉林大学社会科学学报，2014（2）.

统（胡宁生，2014）"①，并由"治理理念、治理制度、治理组织和治理方式"
四个层次构成②。高小平（2014）认为，"国家治理体系"是国家管理经济、政
治、文化、社会、生态文明等各领域的体制、机制和法律法规安排，是一整套
紧密相连、相互协调的国家制度。可见，国家治理体系建设本身具有"目标定
位"和"制度优化"的意味。国家治理目标为制度建设提供了"基础方向"和
"基础性保障"。《中共中央关于全面推进依法治国若干重大问题的决定》提出，
将"促进国家治理体系和治理能力现代化"作为全面贯彻依法治国的总目标，
深刻影响了国家治理模式、理念、行为的变化。高小平（2014）认为："中国的
国家治理价值目标的实质就是要把握好公共性与效率的平衡，核心命题是处理
好政府、市场、社会的关系，在逻辑上要解决'多'和'一'的矛盾。"③ 俞可
平认为，国家治理水平的高低，体现了国家治理能力，包括五个标准：制度规
范化、民主化、法制化、效率化、协调化。国家治理现代化必须符合时代"善
治"要求、体现"公共服务"理念、形成"高效能"机制。此外，胡佳梳理了
2012—2017 年度文献：一是政治学角度，提出国家治理能力的高低，应优先虑
"国家政治体制优化和政治制度能力建设"，以促进现有国家治理能力的提升；
二是公共治理学角度，应以"社会高效治理为目的，分析社会治理创新的制度、
手段或路径，以塑造整体有效的社会治理能力，促进国家治理体系和治理能力
现代化目标的实现"；三是法制学角度，国家治理能力现代化体现在"功能和作
用"的提高；四是历史学角度，实现国家治理"本土化"十分必要。此外，胡
佳还认为，国家治理能力现代化具有发展角度、执政角度和民主角度三个领域
的方向。（1）在发展角度，学界较好回答了"为什么要实现国家治理体系和治
理能力现代化"及"实现国家治理现代化对一个国家有何利益"的问题：国家

---

①　国家治理现代化：政府、市场和社会新型协同互动［J］. 南京社会科学，2014（1）；蔡
文成. 改革发展与国家治理体系现代化的建构［J］. 行政论坛，2014（4）；李景鹏. 关于推进国
家治理体系和治理能力现代化——"四个现代化"之后的第五个"现代化"［J］. 天津社会科学，
2014（2）；郭强. 关于国家治理现代化若干问题的思考［J］. 科学社会主义，2014（1）.

②　改革发展与国家治理体系现代化的建构［J］. 行政论坛，2014（4）.

③　高小平. 论我国国家治理体系的价值目标［J］. 行政管理改革，2014（12）：71 - 74.

治理体系和治理能力现代化是国家发展水平层面提出的内外部治理性问题，其核心任务在于提高国家治理能力，以更好应对全球化危机，化解国内重大矛盾，实现国家跨越式发展。（2）执政能力角度，学界较为关注如何提升中国共产党执政能力和实现党的执政能力现代化。（3）民主政治角度，重点研究"协商民主"的作用。

另外，就如何提升国家治理现代化，目前有关国家治理现代化的研究比较常见。美国、芬兰、新加坡等具有自身治理的典型性。比如，美国的国家治理"立足本国国情与借鉴外国经验相结合、充分发挥市场和社会作用、完善法律法规，培养全民法治意识、建立完整的价值观和理论体系、重视治理理念创新发展等做法（王东生，2018）"。但是美国国家治理在过度分权后产生了影响国家治理效率的弊端。而芬兰典型之处在于"实验主义治理"，即针对即将实施的政策需要实验论证，获取证据支持新政策制定。新加坡是以"有用"为标准，打破现有政策框架限制，"坚持原则与调整改革方向"相结合的动态平衡，实现法制与德治融合发展。

杨杰梳理了2013—2017年度文献，发现近年来国家治理现代化开始向基层治理延伸，重点还是关注政府治理，制度创新和法治建设。继2013年"国家治理现代化"至2014年"国家治理体系"和"国家治理能力现代化"，再到2015年"公共服务""制度现代化""核心价值"，共同形成了2017年至今的"政府治理""基层治理""制度创新"研究脉络。总体而言，现有国家治理现代化研究转向刚性研究（法制化）、基层治理、政治实践等领域。基层治理现代化矛盾日益突出（杨杰，2018）①。郭燕芬（2018）认为构建一种与治理转型相契合的地方政府效能评价体系的理论分析框架，依据"政府法定职能、治理转型战略目标以及效能评价基本属性"三个维度，建立"政府内部管理效能、制度建设效能、改革创新效能、公共政策效能、经济建设效能、社会管理和公共服务效能六个动态过渡与静态完成相结合一级指标"，能够有效评价地方政府治理

---

① 杨杰，杜其君，罗骏.我国国家治理现代化研究的热点与前沿可视化分析——基于CSSCI（2013－2017）数据［J］.行政与法，2019（01）：30－41.

能力。

郁建兴（2018）梳理了地方政府治理的发展历程之后，指出："当代中国地方治理体系在运行中体现出以政府为主导的地方治理模式，又具有较强的体制创新、自我改良能力以及灵活的制度弹性，体现了分权化趋势和多主体合作等特征。我国通过四十年的改革开放，中国以地方政府为主导，市场参与、社会协同的地方治理体系已逐步成型。"

（二）国家治理与国家审计研究

我国国家审计理论大致形成于 20 世纪八九十年代，其核心思想坚持"财政财务监督论"，属于典型的传统治理观念，即使 2006 年《审计法》修订，依然没有大的改变。党的十八大（2012 年）以来，国内与国际环境以及党面临的执政条件发生了重大变化，新形势下的治理矛盾与风险前所未有，依法治国的地位更加明确。但必须解决从严治党面临的"主体责任缺失、监督责任缺位、管党治党宽松软的问题"，坚决遏制腐败。这一时期，研究者们开始关注国家审计的定位、职能、作用、目标等多个方面的问题，逐渐形成审计监督的全新理论——"国家治理论"。十八大以来，习总书记提出"四个全面"战略布局，提出推进国家治理体系和治理能力现代化的目标，于 2012 年第一次把审计监督纳入国家治理体系和治理能力框架之中。党的十八届三中全会明确加强审计制度，第一次提出"加快生态文明制度建设"的审计监督构想。十八届四中全会将其列为国家八大监督体系之一，提出"全覆盖"思想，包括公共资金、国有资产、国有资源和领导干部履行经济责任情况实行审计全覆盖。随着党的十八届三中、四中、五中、六中全会"四个全面"布局和国家治理体系和治理能力现代化的构想越来越明确，逐渐形成了"治理体系论"。习近平指出："国家治理体系是在党领导下管理国家的制度体系，包括经济、政治、文化、社会、生态文明和党的建设等各领域体制机制、法律法规安排，也就是一整套紧密相连、相互协调的国家制度。"2019 年习近平提出"社区治理"是现代化进程中的重要标志的论断。自 2014 年提出政府简政放权和 2018 年推进政府机构改革，我国在不断深化国家治理现代化建设。

整理 2010—2018 年间的 CNKI 文献，运用 CitespaceV 软件的分析结果表明，研究者的主要方向大致如下：

首先，以公司治理为起点，在 2010 年左右提出"国家治理"概念，渐渐引入其他领域。

第一，以国家治理为中心拓展至对权力制约的研究（主线）。2010 年—2013 年以预算执行审计、金融审计、绩效审计为核心，突出了职能拓展和公共预算审计研究，中心是国家审计的作用与国家治理的关系。2013—2016 年多以"善治"为目的进行了计算机审计、审计现代化以及制度创新、审计整改、对公共受托责任监督等方面的研究，形成对善治理论的深化研究。2016 至今，则更多出现了大数据、审计模式、信息生态系统为主题的权力制约研究。

第二，以国家治理为中心强调政府审计的服务供给。2010—2013 年间，以政府审计、公共受托责任与政府治理的关系，强调公共受托责任、腐败治理和路径选择。2014—2016 年间，出于对腐败治理路径的需要，主要突出了审计公告制度研究，并开始重新审视"审计功能定位"和"新常态"的思考，协同理论的应用较为广泛。2016—2018 年，更加关注审计公告结果以及公共服务供给角度的研究。

第三，以审计机关为主的系列研究。从单一强调"监督"开始转变为强调"被审计单位"客观实际与"审计监督"的结合，在 2013 年左右提出强化"审计工作"以及"政府绩效审计"。2013 年至 2018 年期间，研究者们先是提出"创新"，后又研究了建立国家治理体系、提升国家治理能力、增强跟踪审计，形成新的审计管理体制。

第四，经济责任审计研究在一直是重要研究基础话题。以财政审计、管理审计、经济责任审计为起点，重点研究了委托代理理论以及审计职能和功能的转变。在 2013 年前后，开始关注审计的"推动"作用，并确立了"治理导向""民生审计"的地位，并在 2016 年前，进一步研究了"债务审计""依法审计"等内容，确立了"审计监督全覆盖"的重要理念。

第五，以审计的作用机制为线，从公众参与审计的重要思想和实现途径作为重要出发点，审计对公共政策的影响发挥职能、深化经济责任监督、提升反腐治理能力、形成有效的作用机制。不过审计监督全覆盖和审计作用机制在2016年后进入成熟期少有研究。

其次，还有一部分研究基于公司治理演变成为内部审计和国有企业的研究。也有从国家治理角度进一步研究协同治理和治理环境，主要集中于2016年前后。

经典的研究国家、国家治理和国家审计关系的文献，是董大胜（2018）的《国家、国家治理与国家审计》一文。他指出，从国家治理的高度研究国家审计的产生、本质、功能等审计基本理论问题，是近年来审计理论研究的一项重要创新。但是，这方面的研究目前还没有形成逻辑顺畅、内容较为完整的理论成果，特别是不能很好适应党的十九大以来审计工作和审计改革的实践需要①。他分析了国家治理基本组织架构，针对十九大报告要求"构建党统一指挥、全面覆盖、权威高效的监督体系，把党内监督同国家机关监督、民主监督、司法监督、群众监督、舆论监督贯通起来，增强监督合力"，阐述了国家审计与其他监督的关系，提出国家治理现代化首当其冲的就是审计管理体制改革。王会金、尹平、郑石桥等认为审计管理体制改革是国家治理现代化的必然要求。张俊民教授指出，以往审计监督权力分配与定位的基本原则是分权制衡，以往审计体制下的权力是分散的，尤其体现在地方审计机关的领导关系上，不利于国家治理现代化建设。晏维龙（2018）阐释了国有治理现代化中审计监督的体系、功能发挥、领导体制以及审计队伍建设与审计技术方法设想。针对"审计监督的制度建构与制度改革"这一领域，王世谊（2018）提出了审计监督制度设计应当遵循依法审计、阳光用权、审计权责一致、审计权力运行受监督、审计执行有力的原则。此外一些知名学者认为，新时代背景下要积极推动审计工作的微观与宏观、治标与治本相结合，从历史审计制度中寻找可资借鉴的有益经验，加强审计功能监管的同时注重行为监管，强调约束机制的同时发挥激励机制的

---

① 董大胜. 国家、国家治理与国家审计——基于马克思主义国家观和中国国情的分析. 审计研究，2018（5）：3－11.

作用等一系列富有创新性的观点。高晓霞（2018）认为，党和国家监督体系中的审计监督作为权力监督和权力制约的一项制度安排和制度设计，其独特的政治逻辑在于其政治权力基础、政治体制优势和民主政治动因。同时，党和国家监督体系中的审计监督作为国家治理体系的重要组成部分具有独到的治理功能，包括权力制约与法治功能、信息公开与透明功能以及民主参与与问责功能等。新时代党和国家监督体系中的审计监督内在地要求加强党对审计监督工作的全面领导，坚持依法独立审计。在此基础上，要进一步强化审计信息公开，维护公众的信息知情权。此外，要不断扩大公众参与，增强审计监督合力。最后，还要继续加大审计监督与问责力度，提升审计监督的公信力。

最后，涉及地方政府治理与审计的文献仅有22篇，其中近10篇与地方政府债务治理有关，受到足够多的重视；2篇与经济责任审计有关；其他的10篇研究了地方政府审计效率、审计分权等内容。李明（2015）认为根据公共受托经济责任理论和实证检验，认为通过审计监督职能以及协同监督职能能够有效提升地方政府的治理效率。廖义刚（2018）基于我国当前"发展型政府——分权压力型体制"的地方政府治理模式，提出强化预算的监督与审计工作、加强经济责任审计与绩效审计工作、加强对地方债务的审计以及发挥国家审计的治理作用以促进生态文明建设。构建"服务型政府——民主合作型"地方政府治理模式下国家审计功能。高燕芬（2018）认为即使存在地区差异，政府审计对地方政府的治理效果有促进，但审计治理功能仍有待完善。刘烨（2015）认为地方政府债务存在主体多元、规模庞大、形式隐蔽三大特征，采用"情景—应对"仿真计算强化协同审计机制、完善审计治理机制和建立信息互动机制。

（三）审计目标与绩效目标

目标是个人、部门或整个组织所期望的成果，或者企业或组织活动所指向的终点。目标管理是一个系统协同过程，即，将庞大复杂的事情和行为，按照关键性的可控制目标进行管理，激励与引导所属成员或者组织向期望努力的过程。目标按照组织层次可区分为总目标、单位（部门）目标、个人目标。按照性质可分为数量化目标、进度目标、改善目标、协同目标、集体目标、条件目标等。不过，目标的确定标准相当的复杂，它既然可以是动态性的描述，也可以是静态描述；既可为定性的变量，也可为定量的变量。所设定的目标即使非常正确，若缺乏"标准"，在实际执行过程中，由于无法测量其达成程度，从而导致监督无法施行，结果仍会出现问题。例如，常见的"目标基准"如下：①金额——营业额增加、成本减少；②比率——与前期相比，营业额增长率、成本减少率、利润增长率等；③量、件数——索赔件数、报告量；④时间——处理事务的时间缩短；⑤人数——工作人数减少；⑥期限——严守完成时间；⑦指数——印象、评估、满足度、占有率。本文所指目标是期望的成果，同时，为考核实现过程，又将其在实证研究中进行量化设计，具体量化指标选择在后文会一一介绍。

国家治理的核心是促进国家制度需求供给平衡，并提高效率和效果。国家治理目标是"在各种不同的制度关系中运用权力去引导、控制和规范公民各种活动，以最终大限度增进公共利益"。因此，治理体现的活动性和过程性均具有目标的吻合特征，涉及公共制度权威、管理规则、治理机制、治理方式的一致性。国家审计的终极目标是满足国家治理和监督需要。国家审计契合国家治理目标，应具有高度和层次的统一性、协同性。审计目标是针对具体事项进行审计而应达到的要求，包括了审计师的专业判断。目标具有总目标和具体目标的区别。任何审计，其总目标都是评价受托经济责任，但不同主体的审计应当具有不同的目标。国家审计的目标是通过审计财政财务收支真实、合法和效益，最终达到维护国家财政经济秩序、促进廉政建设、保障国民经济健康发展的目的。

此外，国家治理主体多元化、治理责任复杂性，使国家治理目标的内涵不断扩大。同时，由于治理目标的多主体、多层次、多环节的干扰，国家治理过程和行动产生的机会主义，背离了治理标准，出现治理偏差。如何统一目标、如何实现目标、如何保证效率一直是各国重视的环节。此外，治理目标的实现渐近性，即程度吻合性。因此，国家治理目标的现实工作中还需要考虑绩效目标问题。

在国家治理中，绩效目标必不可少。绩效目标并不是一个单纯的经济范畴，它具有"3E+"的内涵，即随着国家治理内涵的供需变化，产生了诸如"3E+服务质量"或者"3E+公平、责任、回应"，甚至是"3E+公平、责任、幸福"等。依据受托经济责任观，人民将公共资源交由政府管理，必须符合和满足公共利益需求。对政府履行责任的情况进行必要的考核，是政府与公共利益者间的必然要求。一是服务型、法制型政府的提出，需要进一步改善政府的行为方式约束机制，包括改革管理职责越位、错位和缺位现状，进一步明确政府应当"怎样做"是合理的。二是公共管理并不是以政府万能为标志，而应当考虑如何将政府行为置于公共监督之下，建立"公开、透明"的制度，利于政府和公众参与效能的最大化，进一步说明政府行为"为什么"是合理的。三是政府责任绩效考核并非一成不变，不同的历史阶段下市场发育程度、经济发展阶段、政府的能力范围的变化将影响对绩效目标期望的变化，进一步说明政府责任"是什么"的合理之处。

现有文献和实践表明政府责任审计已经不同于传统的政府"绩效审计"，从理论到实践需要重新梳理其内在含义。现代公共管理需求使政府责任并不局限于绩效的单一考核体系，王透明和向荣（2013）认为绩效具有丰富的内涵，包括效率、效益、产出、行为、责任、回应、公平、顾客满意度等，将绩效用于衡量政府行为和效果，就是绩效评价。本书认为，从绩效审计目标到政府责任审计目标的变化将有助于进一步澄清审计在国家治理中应具有的角色和职能。也正是基于这一变化，本文从责任角度研究审计的现实问题、实现途径和改革建议。

（四）政府责任审计目标

1. 政府责任

政府责任，具有广义与狭义两种理解。广义而言，政府责任是政府能够积极地对社会公民的需求做出回应，并采取积极的措施，公正、有效率地实现公众的需求和利益。狭义而言，政府责任是政府及其公务人员违反法律规定的义务、违法行使职权时，所应该承担的否定性的法律后果①。张成福（2000）将

---

① 张成福. 责任政府论 [J]. 中国人民大学学报, 2000 (2)：75 82.

政府责任划分为经济责任和非经济责任两大类，他认为政府的职能、权利和责任是互相联系又互相对立的，政府负有经济责任和实现公平与效率、政治责任、文化责任、道德责任等四个非经济责任。其中，实现公平与效率是政府社会管理的主要及重要工作，政府社会管理工作职能主要体现在政府维持社会秩序职能、确保社会公平分配的职能、环境保护的职能、社会保障职能等，因此政府需要承担完善市场竞争、保障就业、调节贫富差距、生态环境保护等方面的责任。

审计只有明确政府责任的界定，才会有效地针对其进行审计。从国家治理角度而言审计并没有与之形成高度契合，由此产生的政府责任审计依然以经济责任为主。经济责任审计中的"经济责任"是指当事人基于其特定职务而应履行、承担的与经济相关的职责、义务，而不是当事人对其与经济相关的职务行为应当承担的法律后果或经济后果（如经济上的赔偿、补偿）等。而且，经济责任审计是审计机关通过对党政领导干部和国有及国有控股企业领导人员所在地区、部门、单位财政财务收支及相关经济活动的审计，用以监督、评价和鉴证党政领导干部及企业领导人员经济责任履行情况的行为。显然，经济责任审计具有特定性和局限性。目前，我国开展的政府责任审计主要为财政财务审计和政府绩效审计。政府受托公共责任的履行情况的考核由财务财政审计和政府绩效审计共同实行监督和控制，政府的受托公共财物责任与政府财务审计对应，受托管理责任与政府绩效审计对应。其中政府绩效审计作为一种对受托责任的深入考核方式，能够对政府责任的有效履行起到监督和控制作用，推动政府更好地为全体人民服务，为社会的发展而工作。本文中"政府责任审计"涵盖了绩效审计、财务审计等内容，以增强审计目标实现的全面性，下文均称"政府责任审计"。同时，基于不同责任角度，应建立和完善政府责任的基本体系，明确国家治理、政府治理和社会治理的影响，分析政府责任审计定位。

2. 政府责任审计目标

国内研究对政府责任审计目标的说法也不统一。尹平（2009）指出我国具有独特的多元化审计目标产生的条件和基础，财务信息、资产安全、决策的合理性与有效性等会同时存在，但机制性、体制性的矛盾十分突出。具体表现在以下 3 个方面。①在目标的设定上，多数研究人员均注意到了政府责任审计目标与一般审计目标有区别，但是现有的研究仍无法从经济学和政府管理学理论的高度阐述政府绩效审计的终极目标，或者国家治理框架下的目标责任的一致性，大都只是关注于审计实际操作中侧重点或者各领域的不同（吴泽民和施青君，2005；李晓慧，2011）。具体目标的分散化、差异化、条块化也产生了一些弊端，在政策推进和制度改善方面的宏观性、针对性明显不足。李晓慧和张胜篮（2011）认为政府责任审计是与宏观经济密切相关的一种综合审计。未来的政府责任审计研究应当着重于国家的经济政策、国家行政管理以及社会公共事业管理的经济性、效率性和效果性以及资源的合理开发与有效利用等宏观方面，以期真正发挥政府责任审计对社会公共领域的作用。但我国《审计法》没有明确规定政府责任审计的目标（李晓慧，2011）且缺乏经济责任的完整理论支持，包括公共治理、绩效评价、责任体系的对应关系；政府效率、部门责任、政策评估体系的优化关系，缺乏统筹优化审计项目和绩效重点，对政策评估体系仍不完善（中国审计署审计科研所，2017）。②宏观与微观经济的现实需求不断促进政府责任审计目标的内涵扩大和深化，具体体系不清晰。蔡春、李江涛和刘更新（2009）认为政府责任审计目标是政府审计行为活动意欲达到的理想境地或状态。政府责任审计目标随着审计环境的变化而变化，随着审计职能的发展而发展。蔡春、蔡利和朱荣（2011）认为审计之本质目标在于促进特定主体受托经济责任的全面有效履行。因此，理论上而言，政府责任审计是促进受托经济责任中的效益责任（包括节约责任、效率责任和效果责任等）、环境责任（包括环境保护和环境管理责任等）和社会责任得到全面有效履行的一种控制机制，其内涵和外延都经历了广义化发展。政府责任审计的内容已经历了从" 2E "到" 3E "再到" 5E "的发展。当前，各国较普遍地将政府责任的考核界定为经济性（Economy）、效率性（Efficiency）、效果性（Effectiveness）、环境性（Environment）和公平性（Equity），环境审计和社会责任审计已被更为广义的绩效审计所涵盖，不过其具体内容差异较大，导致审计业务操作指南效率降低。

比如，德国自 2000 年以来，联邦审计院在推动精简机构和强化业务指导方面不断迎合环境变化，优化审计组织结构和审计职责分配、完善审计业务规章。③现有研究关注了政府责任与政府责任审计间的匹配关系。较多研究表明，政府责任与政府责任审计可相互促进，政府责任是政府责任审计的基础与前提，而政府责任审计的目标是促进政府责任的合理履行。英国政府很好地增强了国家审计的独立性和内部管理，增强地方政府审计，落实战略目标，监督资源管理和绩效目标落实，统一标准和价值取向，维护与责任一致的治理和内部控制制度。此外，多元化的政府责任使信息需求更加复杂、更加全面、更加透明，涉及审计目标的内涵、范围、层次以及相关机制研究，对审计如何协调和促进鉴证信息的公平、公开、公正提出更高的、科学、系统化的要求。当前信息化条件下的审计任务更加艰巨，客观存在对中国特有的实施政府责任审计的土壤，主要包括传统观念、价值取向、制度法律环境等。

综上所述，现有研究中没有提供清晰的"目标体系"和"目标实现路径"，国家治理和治理能力现代化任重道远。在现有框架基础之上，质量的提升和内涵式的发展将是重点。实现"目标"和"责任"形成互动协调发展，需要根据目前的研究进一步理清核心目标、总体目标、主体目标等争议性的内容，以及政府责任划分和政府责任审计鉴证标准间的衔接等实质性操作难题。

（五）政府责任审计理论框架与机理

在我国，研究者对审计目标实现的基本框架有不同说法。①作业理论框架——吴清华（2004）认为简单地借助反映经济活动结果的财务维度来评价经济活动的真实效益，形成的审计结论是空泛的，其解释力是有限甚至是误导的。因此，他从作业的角度来分析得出了绩效审计的三阶梯层次模型：一是资源动因价值分析，评价作业的有效性；二是作业动因价值分析，判断作业的增值性；三是作业综合分析，评估作业链的绩效。②成本效益理论——施青君（2005）通过对"3E"和管理本质的分析，认为效益审计的实质就是"成本——效益"分析，"成本——效益"分析应成为基本的分析框架。③核心效用理论——余玉苗和何晓东（2005）认为，决策制定者应根据最优的社会效用安排公共财政资金的使用，这个最优的社会效用就是公共物品的核心效用。在核心效用观下，政府绩效审计实质上就是审查核心效用与为实现核心效用而投入的公共财政资金之间的关系，基于绩效审计目标、审计标准、审计方式和审计报告与核心效用的内在联系，初步勾画出政府绩效审计的实施框架。④可持续理论——毛晔、姚玉蓉、张星（2006）基于可持续性提出了大型公共工程绩效审计的三维模型，即包含时间维、领域维和影响维的审计模型，以综合反映大型公共工程的可持续发展情况。⑤行政管理理论——温美琴和胡贵安（2007）从政府行政管理的视角将政府绩效审计放在政府绩效评估体系的框架下进行研究。他们通过对市场经济国家政府绩效评估、政府绩效审计产生、发展历史的考察，认为评估是政府绩效管理的一项重要手段，而绩效审计则是政府绩效评估的重要组成部分。在分析了政府绩效审计在政府绩效评估体系中的地位与作用之后，他们提出了在我国政府绩效审计的地位、目标、内容和范围以及在现行法律的框架下推行绩效审计的两种立法之路。

关于政府责任审计理论方面的研究，可谓说法众多。蔡春和陈晓媛（2011）依据审计基本理论指出，受托经济责任（Accountability）乃现代会计、审计之魂（蔡，2000），受托经济责任关系（Accountability relationship）的存在乃审计产生、发展的首要前提（Cai，1999），审计功能存在的首要目标在于促进和保证被审计对象受托经济责任得以全面有效履行的需要。审计理论结构的构建模式应是多元化的，路径是与之匹配的实现途径。有关审计目标能否有利于审计机理的完善，蔡春和田秋蓉（2011）认为在审计学术界，有人选择审计目标，有人选择审计假设，还有人选择审计环境作为审计理论结构构建的逻辑起点，其共同特点是以财务会计信息质量和相关经济活动遵循特定标准的程度作为重心来构建审计理论结构。这些审计理论结构模式的构建，并未考虑到政府责任审计作为一种新的特殊的审计类型的出现带来的变化与影响。他们主张以审计本质作为逻辑起点构建审计理论结构，并由此构建以"审计本质论""审计假设论""审计目标论""审计规范论""审计信息论"和"审计控制论"为组成要素的审计理论结构模式。蔡春、蔡利和朱荣（2011）认为应建立并实施综合目标导向的政府责任审计模式，促进运用公共资金的政府及其部门的活动在法律、制度和政策框架内有效运行。综合目标导向下，政府责任审计除了以"5E"作为核心外，还应考虑与之相伴随的其他要素，如权力运行、管理制度、政策执行等。

可见，基于受托经济责任关系进行有关审计机理的研究仍存在争议。本文认为，审计目标的完备是以审计本质为起点的，但审计目标基于受托经济责任关系不断完备，具有更直接的战略落实效果，符合当前的经济发展考核和公共监督的实施需要。此外，政府责任审计理论框架的研究应当具有多元性、系统性和协同性。单一关注某一方面均不利于政府责任的考核，理论框架应当体现出与责任的匹配性。本文认为可持续性与公共管理性是必须考虑的重要方面，公众的回应性和信息透明性是审计本质需求的体现，路径设计应具有这些特点。

（六）目标实现机制与路径

加强国家审计与政府责任管理的研究，应当完善国家审计与政府绩效管理的关系、国家审计在推进政府绩效管理方面发挥作用的途径和方式、国家审计在推进政府绩效管理方面形成的主要经验做法、国家审计如何在推进政府绩效管理方面进一步发挥作用等。国家治理理论和监督理论体系基本明确的基础上，需要深化公众与国家治理间的"最后一公里"。政府部门职责交叉、重复、分割以及责任人多层责任分化，难以实现政策落实和绩效优化。"健全审计体制机制改革，推动国家治理能力现代化建设"是当务之急（张道潘、周丹，2018），审计署的监督对象包括政府行为、国有企事业单位以及国民经济运行情况，应充分优化审计监督的体系、功能发挥、领导体制以及审计队伍建设与审计技术方法（宴维龙，2018）。王永贵（2018）认为应从治理现代化角度要求优化配置审计资源，审计机关牢固树立"四个意识"，政治上、行动上与党中央保持一致。刘力云（2018）认为应当明确审计监督的地位，加强党对审计工作的领导、促进现阶段审计工作目标的实现。吴畏（2018）指出加强党对审计工作的集中统一领导是符合理论逻辑、历史逻辑和现实需要的。其实探索目标与实现机制是一个传统话题。蔡春、李江涛和刘更新（2009）认为我国有关政府审计与国家经济安全问题的理论研究开展较晚，成果较少。在国内已有的研究文献中，仅见于唐建新、古继洪、付爱春（2008），刘秀丽、朱锦余（2009），王素梅、李兆东、陈艳娇（2009），李宗林（2009）等的研究。在此基础上，蔡春、李江涛和刘更新（2009）对政府审计维护国家经济安全的基本依据，政府审计维护国家经济安全的作用机理以及政府审计维护国家经济安全的路径选择进行了必要的研究。王会金（2010）指出，国家审计作为国家宏观经济监督系统的重要组成部分，应按照法定职责将维护国家安全和促进经济协调及可持续发展作为审计工作的主要目标，将推进民主法治、维护人民群众利益作为根本目标。在路径选择上，应进一步树立科学审计理念，提高审计免疫能力，坚持全面审计，突出重点的审计工作方针，推进问责机制的建立，加强审计体系间的业务协作。

目标实现机制的具体措施应针对中国政府责任管理中的特殊问题。蒋沥泉（2012）认为"专制主义"是中国的文化传统，地方政府为了谋求短期发展，大搞形象工程、政绩工程，而忽视地方公众的切身利益。官本位思想对中国政府绩效管理的影响极为深远，由于对财政剩余财产不具有分配权，地方政府选择了不断加大预算和铺张浪费的做法，而放弃了节约与提高绩效。政府具有对公共财产的绝对管理权，而没有竞争制衡监督的力量，从而导致缺乏市场竞争而出现投资过度和浪费的现象。同时，他认为中国存在技术创新与制度创新不协调的现实局面，难以保障绩效管理的效果。我国的政府责任审计事业伴随着对政府履行职责考核机制的完善不断在发展，但仍然有许多难题不能破解。反腐高压下，各级政府部门的监督机制尚不健全。在经济高质量发展的内在要求下，加快实现要素的市场化配置，加大产权保护力度，实现社保制度中的公共服务均等化，正确处理好政府与市场的关系以及中央与地方的财政关系，依然面临挑战，挑战在于以下几点。第一，多大范围内执行政府责任审计。蔡春，等（2009）认为我国的政府责任审计尚处在初始阶段，政府责任审计工作总量占政府审计工作量的比例较少，在政府责任审计工作中还算不上主流。目前政府责任审计更多的是针对基本建设投资、金融业务进行的。第二，在多大程度上实施政府责任审计。王会金（2010）认为在我国政府审计实务中，真正意义上的政府责任审计并不太多。①对于主要的公共部门即行政事业单位的经费开支、专项资金，还很少开展绩效审计；②目前的财政审计把主要力量放在真实和合法上，出去的资金只要符合规定的开支渠道、对方也确实收到就可以了，至于资金是否用于原定的目标、其效用如何，则没有给予充分关注；③国有企业是开展经济效益审计最早的领域，但近些年来，随着国有企业改革的深化，注重企业绩效已经逐渐成为企业经营管理者的自觉行为，不再成为政府绩效审计的重点。第三，在多大维度内提供审计目标实现的保障。我国部分研究者认为政府责任审计目标的实现需要专业胜任能力强化机制、独立性保障机制、审计规范机制与审计报告健全机制，但这些机制在许多地方缺乏统一规范或者存在严重缺陷。刘力云（2005）认为政府责任机制主要由明确和健全责任、责任履行、责任监督、追究责任四个环节构成，加强问责创新十分必要。张龙平和李璐（2009）依据 IAASB 依据国际质量控制准则第 1 号（ISQC1）的最新理念认为应当推行全面质量管理以实现政府审计质量控制目标。

可见，政府责任审计机制与路径存在两点不足。一是理论研究不完备。起点低、不系统，容易引发对应审计实践环节的不完备以及审计质量控制的偏差，"修补式"的审计改革需要从理论体系和机理的完善中得到遏制。二是审计实践应用效果与目标实现机制或路径完备存在差距。目标实现机制涉及组织机构、制度体系、权责调整、技术保障、问责监督等多方因素，系统内的因素优化是保障目标实现的必然要求。目标与保障机制间的脱节，需要进一步完善机制与路径研究。

第二节　文献评述

服务型政府和法制型政府是当前和今后一个时期推进我国行政管理体制改革的基本目标与方向。同时，"善治"是体现国家治理落实和公众期望得到满足的重要过程。政府责任审计是政府权力运行的组成部分，是权力制约权力的制度安排，是促进建设公众与政府之间沟通的信息渠道与加强鉴证的力量。政府责任审计职能的转变必然适应国家治理需求和政府转型需求。政府责任的广度、深度和维度以及以此建立起来的评价、监督、问责体系，是国家治理水平高低的一种体现。目标是参与各方利益得到保障的契约承诺，如何在复杂的权力运行过程中，体现和实现公众意愿，是审计面临的重要的历史课题。

1. 政府责任及界定需要完善

政府责任审计需要按照公众需求重新理顺政府责任与其关系，对涉及上下级责任、正副级责任、党政责任、层级责任等进行合理的划分与理解，否则，难以将公众监督和政府监管真正落实到位。而要理顺这些关系，又需要将具体的地域管辖、事务范围、行政责任、考核标准等进一步细化，同时还需要考虑近期与远期目标和政府行为间的矛盾成因和改革方式，中心是政府责任、绩效审计、政府责任审计的关系。

2. 审计目标的变化与实现需要重新梳理

审计目标的内涵差异会引发审计结构理论的不同。我国尚未在审计目标中明确和强调"公平""安全"与"制度可持续"等国际上通用的内容，"权力制约"也因为政府的"多头管理"和"政出多门"而广受质疑。审计目标与责任的对应关系和保障程度使改革的效果大打折扣。尤其是尚未对多元化目标下的审计理论体系进行系统性的研究，以应对面临的深层改革实际需求。现实中，政府责任审计更多的是关注领导干部的管理责任、违规责任等内容，体系性、标准性以及针对性差引发许多质量评价盲区，而且具体的审计需求与供给机制中未提供系统的分权、协调以及监督的机制。此外，审计目标存在设定缺陷与执行障碍，甚至因为过多关注经济责任而忽视了国家产业安全与资源安全，尤其是中央与地方利益相关的责任审计更能说明这一点。目前的政府责任审计尚缺乏部门权力制衡机制、分级政府协调机制、组织监控机制等。所以，需要对目标与机制进行系统研究，以明确新形势下的目标内涵及其实现机制，增强政府间的审计效果。

一个重要的问题是：审计推动国家治理应当具有的核心目标是什么？总体目标是什么？核心目标是什么？现有研究中从未提及，让审计操作备受困扰！

3. 多元化政府责任与审计目标实现机制建设需要尤其关注

目标实现机制与路径是操作的微观层面，但需要系统的、宏观性的设计。涉及基础分权机制、审计功能转化机制以及审计治理优化机制等基本设计，也会涉及组织制度、保障制度、问责制度等具体设计。既包括审计内部系统的功能、模式、技术等内部优化过程，也会涉及源自外部组织权力分配、中央与地方管理模式以及公众的需求压力等外部优化过程。基于审计目标实现的理论框架、运行机理以及理论体系研究对于路径选择具有重要的支持效果，经济结构升级与产业调整以及经济责任的透明化建设急需要加强理论基础研究，应对政府责任内涵的发展必须拓展和创新理论研究。

需要注意的是，机制与路径是建立在机理基础上的，关键是要进一步加强目标与路径间的内在组织程序和关系设计。

4. 研究内容的侧重与方法需要合理设计

在研究方法方面，政府责任的界定和评价需要规范与实证研究的结合，我国在该领域的研究方法显然存在空白和不足，创新研究方法对于探索政府责任机制的科学性、客观性具有重要意义。

纯粹研究绩效审计理论的文章比较少见，这类研究主要由院校的学者进行，这不仅反映出绩效审计研究的实践导向性特点，也说明了现阶段我国绩效审计理论研究尚待深入。

政府责任审计发展的历程中，我国审计理论的发展非常迅速。同时，随着国家治理的内涵的深化，政府责任审计的职能需求也越来越高。但我国政府责任审计面临着理论与实际工作的脱节现象。一是实践工作的问题不能够及时得到理论上的解释与指导。二是实际工作的数据情况得不到及时、有计划、有针对的反馈，使宏观情况与微观效果得不到体现。这一现象对审计研究方法的合理性、规范性、科学性提出更高要求，应引起我们足够的重视。

现行研究中的表现证明了上述情况。首先，政府责任审计的实证研究非常少见。李晓慧和张胜篮（2011）曾对政府责任审计中的研究方法调查后，得出多数为规范研究的结论。其次，政府责任审计的研究深度不足。即使在众多的国内外对比研究中，尚存在着两方面的不足：比较的层次浅，真正涉及政府责任审计框架设计及整体实施层面的研究不多；只停留在找出差异的层面，即仅限于对差异现象的罗列，未对差异产生的深层次原因进行充分挖掘，因此也无法结合我国的法律、制度和文化等实际情况提出有针对性的见解。再次，政府责任衡量方法仍存在一定局限。Bowerman（1995）认为，绩效审计是一个多维建构，观察和测量的角度、技术方法不同，其结果就会不同。Pollitt（2003）认为文件分析法和访谈法是主要的绩效审计技术和方法，而经济分析法和统计分析法在绩效审计中运用得较少。随着绩效审计的发展，从最初的单一的财务方法，到现今的层次分析法和模糊综合评价法相结合的统计方法等，绩效的计量方法得到了巨大的改进。然而绩效内容的复杂性，决定了应将多种计量方法综合使用。最后，直接针对政府责任审计的方法正在得到重视。①李江涛，苗连琦和梁耀辉（2011）通过实证研究的方法得出，经济责任审计监控体系包括明确目标经济责任，完善经济责任履行报告体系，建立经济责任审计监控机制。目标经济责任可以通过法律形式、聘任合同形式和组织任命以及就职声明书等形式确定，其内容包含治理责任、管理舞弊控制责任、效益或绩效责任、环境保护责任、社会责任和可持续发展责任等六个方面。为了提高经济责任审计运行效果，应当构建经济责任审计监控体系。②许多绩效的主观因素难以衡量。比如，公共部门不同于私营部门，它试图将效率性、有效性和与预算的一致性作为绩效衡量标准，但由于主观性强而难以衡量。

本章小结

　　本章主要针对政府责任及政府责任审计目标等相关内容，阐明了政府责任、目标与绩效等关键词的内涵。侧重突出与本研究主题相关的国内外研究中的前沿和现状，并就与政府责任审计、政府责任审计目标以及相关研究方法进行阐述。最后，合理确定本文研究的主要方向和重点以及研究方式。

第三章

国家治理视角下的政府责任审计机理与理论框架

第一节 政府责任审计目标层次及多元性

一、政府责任审计目标的层次

目标具有典型的方向性特征,"具有维系组织各个方面关系、构成系统组织方向核心的作用",同时目标又比较具体,以利于实践的操作性。目标与国家治理思想统一,体现国家治理的重点和国家治理能力的高度。国家治理理论强调共同价值理念,以实现国家治理的总体效果。党的十八大以来,以习近平同志为核心的党中央,坚持反腐败无禁区、全覆盖、零容忍,坚决把党风廉政建设和反腐败斗争进行到底。如果没有发现问题、没有监督,又如何实现零容忍?因此,依托国家治理理论,明确目标定位和问题导向,将有助于政府责任审计的深化和推进。

三元审计目标论的观点认为,审计目标体系由三个层次构成,包括审计战略目标、审计总目标、具体目标。其中,战略目标是审计的最终目标,与国家经济发展的战略目标一致;审计总目标又称为直接目标,是审计行为在一定社会经济环境下要达到的总体要求;具体目标是实施审计行为要达到的要求。这一层次划分在政府审计准则中体现不清晰,如《中华人民共和国国家审计准则》

中规定："依据法律法规和本准则的规定，对被审计单位财政收支、财务收支以及有关经济活动独立实施审计并做出审计结论，是审计机关的责任。审计机关的主要工作目标是通过监督被审计单位财政收支、财务收支以及有关经济活动的真实性、合法性、效益性，维护国家经济安全，推进民主法治，促进廉政建设，保障国家经济和社会健康发展。"显然，政府审计准则的目标体系的导向性较弱。

本文将政府责任审计目标分层为核心目标（或者本质目标）、总体目标、重点目标，具体内容如表3.1。

表 3.1　政府责任审计目标的层次

项目	内容
目标定位	参与国家治理，推动公共资源的可持续发展；增进服务和促进信任。
核心目标	保障公共资源的合理配置和公共利益的可持续发展
总体目标	监督政府责任履行情况，促进公平、公正、透明，实现公众信任和多元融合。
重点目标	突出重点领域和矛盾，推广效益审计、资产质量审计、财政财务收支审计、金融审计、风险审计、政策评估跟踪审计等。

显然，国家审计准则中有关政府责任审计的目标体系不清晰；国家治理和可持续发展在审计准则中未得到应有的体现；各级目标间的路径关联和内容均没有得到充分的说明；目标实现的具体设计和执行的机制并未提及。

此外目标应具有可考核性和可接受性，以便有效进行激励和执行。目标按照时间顺序可分为短期目标、中期目标和长期目标。随着时间的推移，人类社会的管理理念和制度会发生不同程度的变更，必须建立与目标匹配的阶段性目标，将政府责任审计的真实性、合法性、效益性达到的期望进行表述。本文认为，目标的时间角度至少以下几个方面，具体内容如表3.2。

表 3.2　政府责任审计目标的阶段

项目	内容
目标定位	适应政府责任的变化和要求
长期目标	实现公共资源和公共利益的有效保障，实现公共资源审计的全面覆盖。
中期目标	实现审计高度参与国家治理的组织保障，实现信息透明、决策公开。
短期目标	突出问题导向审计和责任追究的落实

显然，政府责任审计目标应当充分体现出时间维度、层次维度以及内容维度的结合，当前的政府责任审计目标仍处于低层次阶段，具有短期性和一定盲目性，要进一步整合其实现路径。

二、政府责任审计目标的多元化

政府责任审计是国家审计机关和审计人员接受委托或者根据授权，依法对政府部门及其公务人员强制进行的审查，对反映其权力与职能的经济与非经济活动以及履行情况发表审计意见。政府责任审计实际上是"权力制约权力"的过程，最终满足公众维护公共利益的信息需求。目标是审计机构维护公共资源安全与公共利益至上的契约承诺，并丰富了"3E+"目标内容，本文称为政府责任目标的多元化。

政府责任审计目标的多元化是基于公共管理理论中的共识，因此，辨别目标的多元化内容必须结合国家治理的理论来认定。多元化审计目标一方面丰富了政府责任的表述，另一方面也丰富了公众与政府的社会关系。但由于政府的"私利"行为，政府的责任履行会出现"逆向选择"。让政府的管理责任考核出现障碍，政府责任审计必须明确主导目标和辅助目标，或者将经济目标和社会目标有效结合，否则将使政府责任审计不能涵盖政府责任的基本范围。

政府责任审计的多元化必须考虑国家治理的影响。有关政府责任的边界和体系各国的说法尚不统一，审计目标的界定也各不相同。在中国国家审计研究报告（2004）中将政府责任审计的目标描述为：检查、评估使用与管理公共资源的有效性是性能目标，有效性包括经济、效率、效益和合法性。最终的目标是经济、效率和效益的结合评价。审计署在《2008—2012 年审计工作发展规划》中强化了经济责任审计领域的目标与内容，推动建立健全问责机制和责任追究制度。

虽然世界范围内对审计目标的一般认定具有一致性，但由于"治理"标准与评价差异，政府责任审计目标又体现出不同时代的管理特点。治理从原有的监督转变为一种机制，是人类治理国家的基本理念的转变。"治理"意指"管理、统治，得到管理、统治"或者"理政的成绩、治理政务的道理"。治理已经远不同于"统治"和肆意妄为。治理是政府的治理工具，是指政府的行为方式，以及通过某些途径用以调节政府行为的机制。机制又体现出主体要素、构成、功能与关系的统一。政府责任需要依靠内外监督的结合，尤其是需要群众监督、民主监督、舆论监督的力量来加强。

从制约角度来看，"治理"围绕着公共权力展开，反映着国家与社会之间一定的权力关系。权力的制衡与责任约束使政府必须有效控制权力运用的合理、合法以及效率、效果，即体现"善治"的特征。"治理"既体现国家执政机关治理的强制性，更体现国家执政机关与公民社会治理的协同性，治理产生了互惠共生的正和博弈关系。公共服务理论认为，服务型的政府必须是有限责任的政府，即权力应当更体现宏观性并退出相关的市场化领域，优化"能"与"不能"的职能结构。在我国，政府责任审计已经提高到了国家治理层面，并强调其显著的治理职能。一方面，审计机关本身是政府职能部门，具有"能"倾向的权力；另一方面，审计机关又必须退出原有的监督行权的简单模式，随政府职能的转变增强服务意识与功能。所以，政府责任审计目标并不是一个单一的、片面的涵盖监督与惩罚的治理方式，而是一种系统的和积极的显现服务、评价、鉴证职能的治理方式。政府行为监督源自多部门、多制度、多主体的共同作用，应有利于改变创新政府组织制度、政策效果。

从治理角度来看，审计目标既是权力监督运用的治理结果，也是能够客观反映咨询服务程度的治理工具。当前，"全面提高依法审计能力和审计工作水平，初步实现审计工作法治化、规范化、科学化，积极构建与社会主义市场经济体制相适应的中国特色审计监督制度"的审计总目标成为治理思想的重要体现。经济性、效率、效益、环境和公平应为可持续发展战略下的中国政府绩效审计的目标。完善治理目标体系、监督体系，建立防错纠错体制，本身应建立在自上而下和自下而上的监督基础之上，本身就具有多环节、多级别、多主体参与的特性。党和国家监督体系中的审计监督作为国家治理体系的重要组成部分具有独到的治理功能，包括权力制约与法治功能、信息公开与透明功能以及民主参与与问责功能等（高晓燕，2018）。自 20 世纪 80 年代起，审计监督历经近四十年的探索、发展与深化，正逐步走向法制化和规范化，目标与机制建设的融合度不断提高。

三、政府责任审计目标与路径的关系

本文认为，目标层次和目标时间阶段间应具备良好的路径，两者相互支撑才会提高政府责任审计的效率和效果。核心目标的完善有利于设计更加准确的判断范围、内容；总目标的完善则有利于完善对策的实施策略和路径的制度设计；重点目标会有助于抓住主要矛盾和突出问题，不断创新和寻求解决的新路径，并让具体政策和制度更接近现实，从而为核心目标、总体目标提供实践支持。自上而下和自下而上结合使我国的政府责任审计更加具有公信力。

此外，政府责任审计的目标和路径又共同受到我国社会发展程度的影响，又会将现有的路径关系复杂化。比如，目标的多元化趋势，将公众了解政府的公共政策、公共资源、公共管理的信息透明和执行监督的路径需求加大，需要进一步创新政府责任审计参与国家治理的"善治"路径，它将是目标下的路径创新和丰富。目标阶段性中必须清楚核心目标的本质，才会在多元化下完善应有的实现路径。

联接目标的路径融合了社会因素从而形成制度或机制，政府责任审计目标的特殊性让责任考核具有难度，因此，目标的实现路径应包括组织配置和相关的协同机制，否则，任何一项审计目标的实现都可能大打折扣。政府责任审计必须具有极高的法律地位或者充分的独立保障。这也是政府责任审计目标和实

现路径应具有的本质基础。随着公众的监督需求越来越大，政府责任审计的全面推广将会常态化、权威化。所以，政府责任审计目标和实现路径间还应当强调法律层面的强化。如果没有这样的基本内涵，政府责任审计的现实问题不可能得到有效解决。

总之，政府责任特点的变化，均会在具体实践中得到体现，多元化特征更加丰富了审计执行中的任务和创新需求，它必须体现在每一级目标的设置之中。多元化和层次性，共同构成了政府责任和政府责任审计间的目标导向，政府责任审计目标间的关系见图3.1。

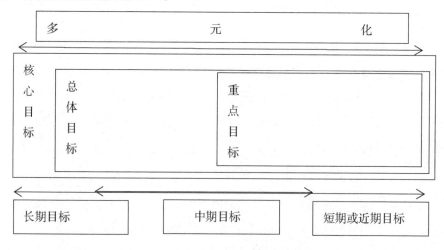

图 3.1 政府责任审计目标间的关系

第二节 目标视角下的政府责任审计理论框架与路径分析

一、政府责任审计目标实现的机理

为了更加有效地对目标实现机制进行有效安排，本节对政府责任审计目标的相关机理进一步分析。

　　所谓机理，有两种比较典型的解释。一是指为实现某一特定功能，一定的系统结构中各要素的内在工作方式以及诸要素在一定环境条件下相互联系、相互作用的运行规则和原理。二是指事物变化的理由与道理。责任目标需要一定的要素体系和关系构成，并在一定社会环境下表现出某一特点或方式。同时，目标并非静止状态，需要不断优化调整。转型时期的政府面临责任与职能、权力规制与信息透明的转变，需要政府审计提供其公共责任的履行情况以及审计目标的完成情况。由此产生的审计目标的变化主导了政府责任考核，决定了审计范围、内容、程序与方法等要素的形成，从而引发政府责任审计的理论基础变化。这种变化体现在两个方面：其一，政府责任范围将对当前政府责任审计造成冲击；其二，政府责任监督体制将使政府责任审计的职能、目标转变更为迫切。各国政府随着公共受托责任的内容与标准的深化面临着审计需求与审计供给间的新矛盾，审计目标的实现因此受到极大挑战，如社会监督与审计目标落实上的反差、审计考核与公众期望的反差、审计体制与审计职能的反差等诸多问题。只有对目标实现机理有充分的认知，才会建立与之匹配的实现机制或路径。本节基于国家治理理论和公共服务理论试图从完善多元审计目标角度分析其对应的基本理论框架，促进政府责任审计理论的完善与国家治理功能发挥，如图3.2所示。

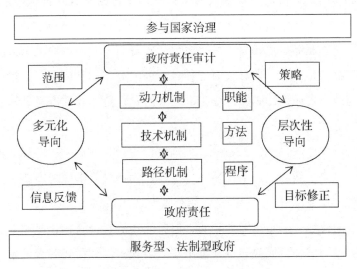

图3.2　政府责任审计目标实现机理

此外需要注意的是，政府应当积极探索责任追究的路径机制，以此实现高层组织、部门以及党政间的问责关系、程度和范围，并以此进行全面的信息反馈机制建设和目标修正建设。对于审计署和地方审计机关而言，则应重点解决政府责任审计的动力机制，推动实施执行的不断优化，调整审计策略和范围，从而形成职能、方法和程序的交互升级。

（一）政府责任审计多目标的形成趋势

彭胜华（2006）认为审计目标就是审计人员通过审计实践活动所期望达到的目的、境地或标准。随着社会的进步，审计目标不断进行变化和拓展，公众对加强审计社会责任的需求日益提高，政府责任审计目标必须与政府责任范围相一致并与时俱进。李嘉明和李雷鸣（2006）创新性地提出了政府责任审计的概念。他们认为政府责任包括经济责任和非经济责任（社会责任、政治责任、文化责任、道德责任），同时为当前国内研究政府责任审计奠定了基础。政府责任审计是国家审计机关和审计人员接受委托或者根据授权，依法对政府部门及其公务人员强制进行的审查，通过对反映其权力使用与职能实现结果的经济及其非经济活动资料的审查，最终对其承担责任的履行情况发表审计意见。政府责任审计的作用是对政府肩负的公共受托管理责任的有效履行情况进行监督、鉴证与评价。一方面，政府责任审计可以监督和控制政府履行职责的状况，促进其良性运转和职能角色转变；另一方面，它可以为政府的决策和公共管理提供依据。可惜的是，近年来对政府责任目标的研究基本清晰，但并没有将政府责任目标与政府责任审计职能的变化以及政府责任范围和政府责任转型的监督与评价相结合。

有关政府审计的目标说法不一，前面已经论及，在此不再赘述。但多元化的"经济、效率、效益、公平、环境"责任广为接受。审计之本质目标在于促进特定主体受托经济责任的全面有效履行（蔡春、蔡利、朱荣，2011）。我国政府责任审计的目标有多元化发展趋势，但关注经济责任目标仍是主流，目标多元化界定和目标机制不成熟，责任范围争议较大。例如，政府责任审计是促进受托经济责任中的效益责任（包括节约责任、效率责任和效果责任等）、环境责任（包括环境保护和环境管理责任等）和社会责任得到全面有效履行的一种控制机制，其内涵和外延都经历了广义化的发展，但我国《审计法》没有明确绩效审计目标和缺乏审计理论支持也是不争事实。

（二）政府责任审计机理主要争议

政府责任审计目标的高低、范围、构成以及相关制度与机制的建设是怎样影响审计质量高低的？为进一步理顺我国审计目标与政府责任间的关系，需分析其建立的机理。

1. 在基础理论方面。谭劲松和宋顺林认为"不同审计论断对国家审计本质的理解不同，必然会影响他们对审计目标的看法"，"审计监督论"认为审计目标主要是监督财政收支的真实性、合法性与有效性，侧重于监督。"免疫系统论"认为审计目标是预防、揭露和抵御经济社会运行中的问题，并提出建设性意见，其更多侧重于监督与服务。"国家治理"论认为审计目标是为国家治理服务，并拓展为监督、评价和鉴证职能的综合。因此，国家治理视角更符合服务型政府、法治政府的转型需求，并体现出责任政府的理念。

2. 在转型实践方面。服务型政府理念为现代国家治理提供了方式的根本转变，沈荣华和钟伟军的研究认为存在三个关键问题。一是政府作为公共权力的所有者需要为公众服务，并且不能够损害到私权的行使，这是政府职能实施的边界。二是政府将从一个公共服务的垄断者转变成为公共服务的监督者、促进者、服务者，服务主体将出现多元化并应构建相应体系。三是服务质量的高低需要两种绩效考核标准：一方面来自法律标准；另一方面来自成本标准。其中成本效益原则是评估的重要基础，能更全面衡量政府服务质量。

3. 在基本机理方面。受托经济责任和委托代理理论是政府责任审计的重要基础。审计功能存在的首要目标在于促进和保证被审计对象受托经济责任得以全面有效履行的需要（蔡春，1999）。"审计的目的是控制契约不完全下的代理问题（谭劲松，2012）"。陈庆生（1996）认为公共选择理论强调必须将责任机制导入政府代理系统，通过政府责任来避免或减少或补救"政府失败"。因此，政府责任审计目标是公众委托审计的重要核心，公众通过委托关系实现多目标的监督与评价；政府则需要在"分权"基础上，对服务型职能实现转变，从而实现责任体系的重构。B. Smith（1980）就曾认为公共受托责任本身包括分权责任与协同责任以及资源责任。现实问题是如何将多目标与责任的重构有效结合，如何实现审计监督、评价与鉴证的有效性。现行责任审计并没有转变并调整到服务型政府审计目标框架之下，这将与公众的期望产生巨大反差并不利于政府职能转变和服务结构的调整。

本文认为审计机理的核心在于突出服务型、法制型政府理念与社会可持续发展战略，首先，应突出自身功能与目标的转变，才会真正促进政府职能部门的转型，其次，各级政府责任审计不应当一味追求经济效益审计，也不应以政府无限责任审计来确定其绩效，因此，应注意以下几点。第一，应关注政府责任"分权"与"边界"，现行政府转型改革中的先进做法在审计上并没有跟上节拍。例如，政府在河流、资源等治理方面进一步调整管理权限与资源配置，效果不错但审计治理体现甚少；政府退出市场化运作的领域，通过宏观管理实现具体操作的效果审计也未能够涉足。第二，政府应推动公民与社会建设，尤其是突出公众需求何种服务，何等水平和类型的服务。审计应当建立一定的服务目标监督、管理、评价制度，体现公众参与和管理的审计。第三，改革审计绩效考核模式，尤其改变"官出政绩，政绩出官"的急功近利导向和规则。各地政府经济责任审计中类似问题的危害不胜枚举，责任审计转型和机理方面存在着严重缺陷。第四，突破被审计单位和公众间的信息对称壁垒，促进大数据和区块链技术的推广，完善国家审计与公众间的信息透明机制；突出多元监督的主体地位，形成信息共享、权责协同、制度合理的约束机制。

（三）政府责任与委托关系重构

责任政府是负责任的政府，即对公众负责、对法律负责，否则就要承担相应的后果。一些学者的研究关注到责任审计障碍的关键是责任构成。吴秋兰（2006）认为政府责任本身体现了责任政府制度化的实现途径和方式，政府责任应当是责任政府的"操作层面"。但在具体设定政府责任层面上，学者们对此看法各异，有的认为政府责任就是行政责任（张国庆，2000）；有的认为是公共责任（江秀平，1999）；有的认为是公共责任和内部责任的综合。罗章和涂春元（2000）系统分析了三类说（道德责任、政治责任、法律责任）、四类说（道德责任、政治责任、法律责任和行政责任）和五类说（政治责任、法律责任、行政责任、道德责任、生态责任）。2015 年 12 月，中共中央办公厅、国务院办公厅发布了《关于完善审计制度若干重大问题的框架意见》以及《实行审计监督全覆盖的实施意见》等相关配套文件，确认了审计监督的地位，并且专门部署审计制度的建设和完善目标、措施，将审计监督全覆盖作为审计监督体系中的主体，对公共资金、国有资本、国有资源和领导干部履行经济责任实行全覆盖。在政府监督全覆盖的推动下，政府责任的研究就更为重要。即便如此，政府责任研究依然在经济角度进行设计和考虑，政府责任边界的争议决定了政府责任审计的范围尚不明确，现有审计目标显然没能体现出目前实践、理论的趋势和客观需求，体现出审计管理体制与机制改革的急迫性（董大胜，2018）。

本文认为，服务型、法制型和可持续发展要求下的政府责任有其特定的内涵，责任的承担应当具有多元性、系统性、有机性和可追查性。一方面，政府责任是社会赋予其权力的对应体现；另一方面，政府责任是其职能得到认可的必要体现。因此，行政责任是政府的基本责任，是外部公共责任与内部责任协调统一的产物。关键问题是如何在内外责任框架下实现政府责任的"真实性、绩效性的目标向兼顾政策有效性转变（Yoshimi，2002）"。制度责任是行政责任外化与内化的信号，是政府责任机制建设的核心，政府责任的落实和监督均需要制度执行的合理性、合规性、合法性及有效程度进行衡量。而不论是行政责任还是制度责任，均需要承担相应的法律责任。这里有三点需要注意：①本文强调的政府责任虽然包括行政责任、法律责任以及制度责任，但其涵盖的内容涉及经济、法律、政治、安全、生态以及社会等多个方面。②制度责任的明确将有助于理顺对服务型政府职能的有限性的认识，以有利于政府责任审计的实施。如果过分强调政府的全部责任，将不符合当前服务型、法制型政府的研究理念，更容易使审计在评价中将政府当作一个"大管家"。③国家治理现代化和治理能力现代化将实现国家的"精细化治理"，以民生和公共利益为基础的政府责任的评估和问责，应建立在制度的可持续性考核之上。

综上所述，审计目标的完备是以审计本质为起点，审计目标基于受托经济责任关系而不断发展，具有更直接的战略落实效果，符合当前的经济发展考核和公共监督的实施需要。因此，委托关系及其过程的合理化涉及责任审计的动力问题。改变过去只关注某一方面责任的考核理念，就必须理顺委托代理关系以及中央与地方政府间的分权体制。近些年来，地方政府具有较大的自主权，与之对应的政府责任以及监督矛盾增大，政府责任审计不力现象层出不穷，究其原因有以下几点：一是国家治理理论和监督体系理论尚未得到足够的认同，至少在价值导向上中央与地方存在管理脱节问题；二是政府责任的多样性、差异性使各地方的政绩考核、责任监管、问责方式存在回旋空间，公众对政府责任的监督仅是形式上的，较少涉及深层的信息去深化监督；三是政府责任审计存在中央与地方监督管理体制的"双层领导"，监督管理的力度受到质疑。即使2018 年我国推行中央审计委员会以及地方政府审计委员会制度，委托与受责任关系的内在缺陷依然没有被打破，本质上很难迎合公共监督需求，影响国家治理效果。因此，本文主张完善政府责任重构与审计监督间的理论框架与路径。

二、目标视角下的政府责任审计理论框架

（一）政府责任审计理论框架

目标视角下的政府责任审计机理与框架涉及三个方面。一是政府责任与重构；二是受托经济责任与多元目标形成；三是基于目标视角的政府责任审计理论架构与路径选择，如图 3.3 所示。政府与公民间的逻辑委托关系使政府职能存在来自外部的监督、鉴证与评价需求，政府责任体系与审计目标的一致关系将明确审计委托与政府职能间的导向和定位，由此，进行分权与鉴证标准间的有效结合才会真正促进责任审计的实质性发展。

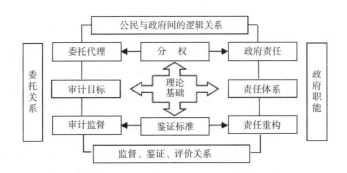

图3.3　政府责任审计理论框架

图3.3揭示出当前审计发展中的主要理论问题。①政府职能与审计职能间的关系。周恺（2011）认为，政府职能变化影响审计职能：一是执政者权力范围与政治、经济结构变化是政府审计职能变化的外在因素；二是政府审计组织的变革及其存在着与行政体系的镶嵌关系是政府审计职能发展的内在因素。②政府责任审计与政府责任的定位。公共服务理论以追求社会经济的协调发展和公共利益为基本目标，公共服务应成为现代政府的核心职能（钱再见，高晓霞；2002）。政府责任审计应关注政府的公共服务效果与效率，突出政府责任审计导向、责任范围和责任机制建设。在发达国家，效果与效率已经具有了明确的经济与非经济责任的内涵，采用定性和定量方式对"大财政"的政府责任及其制度进行灵活、针对和系统的审计，并且借此完善法律监督和信息透明制度，防微杜渐。③政府责任审计的监督、评价与鉴证服务应当是治理公共委托与政府责任之间相关问题的手段。一方面，只有审计突出服务角色，才会为政府的责任落实提供更为科学、具有预见性的建议，避免更多的政府决策失误，从根本上促进公共责任的合理履行。另一方面，从绩效角度突出政府"投入—过程—产出—结果"监督，将"消费者"满意度和服务目标人群的需求紧密结合，使审计促进政府以"正确的方式做事和做正确的事"。例如，英国每天花费1英镑的审计成本将直接为社会带来8英镑的节约，足以体现其审计服务理念和服务监督的先进。

我国政府审计功能大致经历了"经济监督论→经济控制论→权力制约与

监督论→民主法制论"的演变过程。民主化、法制化将更符合国家治理理念的实现，政府责任审计应当是"民主和法制的结果"，也必将是"民主与法制的动力"。

在政府责任审计理论构架之下，还需要明确目标保障的问题。目标保障机制能够促进公众、政府以及审计间的各司其职，实现目标利益最大程度上的公平。现代责任审计通过监督、鉴证与评价功能，公开政府履行职责的状况，促进政府良性运转和职能角色转变，通过提升公共决策与公共管理的水平，维护公共利益。彭胜华（2006）认为，审计目标是审计人员通过审计实践活动所期望达到的目的、境地或标准。由于国家间的治理环境与水平不同，各国的审计目标实现程度与方式、方法差异较大。目标实现机制是审计依据外部变化自身能迅速做出反应，并根据原策略和措施调整与优化目标的过程机制。"机制"泛指有机体的构造、功能和相互关系，是一个工作系统的组织或部门之间相互作用的过程和方式。目标实现机制的主要着眼点在于"实现某种社会功能而形成办事原则、准则和规范，以及负责这些规范实施的社会组织或机构"，即形成良好的组织保障与机制优化，甚至体制优势。① 这些机制作用的发挥程度影响目标的保障程度，它受到外部环境的影响程度和审计组织的自身调整程度的限制。

审计目标实现机制必须理顺机制的构成、机制的动因、机制的运行。其中，机制构成包括目标定位、功能选择以及职责状态等；机制的动因体现为经济因素、政治因素或内外因素的驱动；机制的运行主要体现在组织机构的保障等方面。目标机制在政府责任审计中具有促进政府责任履行和满足公众信息需求的作用，但审计组织与审计制度如何配置、审计功能与职责如何设计、机制因素与保障效果如何考虑，是实现审计自身优势调整的关键。目标的实现程度其实可以认为是效率与效果的体现。新古典经济学的经济均衡模型认为，在均衡状

---

① 机制是制度化了的方法，体制为制度的中间层次（制度包括根本制度、体制制度和具体制度）。机制包括体制制度与具体制度，不涉及根本制度。本文分析框架是基于当前的政府型审计为前提的，属基础层面。

态下有效率的结果可以实现，但技术、制度或组织的演化并不必然遵循效率逻辑。因此，运用基础理论对机制选择进行分析，借以优化多元化政府责任审计目标路径是必然命题。

（二）现行政府责任审计目标实现中的主要障碍

通过对目标视角下政府责任审计理论框架的研究可知，现行审计中的一些因素对于服务型政府、法制型政府的定位和框架体系建设存在不足，成为影响审计目标实现的主要障碍。

第一，审计观念相对落后。我国政府审计属于行政型，其自身改革依托政府改革的步伐在推进。虽然国家已经确立了服务型、法制型政府的建设目标，但依靠政府内部改革和推动力去执行的审计目标已经落后于初衷，进展缓慢。在各级审计委员会建立之后，形成了政府监督内部优化的合力，但政府审计独立性矛盾尚未真正解决，政府责任审计的制度促进功能在政府授权框架内很难有所作为。各地政府在开展事权、财权、物权改革中，并没有脱离预算管理、财政资金管理等方面的传统观念和传统手段，决策和执行中往往不重视审计的评价和鉴证功能，难以让审计实行"全过程"和"事前审计"的创新，审计本身也欠缺职能与定位改革的超前意识。

第二，审计执行的范围过于狭窄。当前政府职能的变化已具有明确的趋势，公众对政府责任履行的期望大为增加，不少政府部门均在积极尝试责任履行的改革举措。但政府责任审计却没有对新型职能转变提供更全面的动力支持，审计范围过于限制在经济领域，缺乏突破。例如，多地审计机关的技术手段没有实现信息化，联网基础设施建设限制了数据获取的范围，难以克服信息缺陷。包括医疗保障制度在内的案例，已经充分说明制度执行中存在固有缺陷，也说明制度没有衔接导致的管理盲区和舞弊机会的存在。此外，经济安全审计、自然资源资产审计、绩效审计都存在审计制度设计缺陷，受到产权、产出、产品方面的限制，也受到管理部门间的制度壁垒限制，导致政策尚未有效落实。例如，新型农村合作医疗（简称新农合）审计中确认农民身份真实性相当复杂，而且信息分别由人力资源、社会保障、卫计生等多部门管理，造成信息割裂，不能共享，导致重复报销、重复参合等治理混乱的现象。

第三，审计体制尚不健全。首先，委托与代理关系和中央地方的分权体制，使政府审计受到中央与地方两级政府的管理，这大大降低了政府责任审计的独立性。同时，为配合政府正在进行的扁平化管理格局，审计体制面临调整。最为关键的是行政条块式的管理在某些情况下将成为审计面临的"瓶颈"，这种现象需要尽快扭转。其次，责任体系的制定缺乏量化研究和可执行的标准。基层审计部门对于责任审计的结果认定很难做到系统化、规范化和可核化，审计结果的透明性、公正性、公平性较差。例如，政府责任审计中的"中梗阻"现象、"屡审屡犯，屡犯屡审"现象等，充分显露出我国审计管理体制中的弊端。

第四，审计鉴证标准缺乏完善。理论体系的不完善以及实践限制等多种因素，使我国政府责任审计鉴证标准建设存在许多争议以及执行上的困惑。审计署对此正做大量的工作以求促进审计效果的提升。不过目前的研究尚未理顺政府责任和鉴证标准的体系化建设之间的关系，而且多数研究的设计均想通过指标体系的完善而达到一劳永逸的目的，忽略了审计的针对性以及量化与非量化责任的结合。

第五，责任审计法律建设滞后。例如，《党政领导干部考核工作暂行规定》（1998）和中共中央办公室、国务院办公厅发布的《党政主要领导干部和国有企业领导人员经济责任审计规定》（［2010］32号）两个文件中都确定了责任条款，但并不全面。经济责任导向以及绩效考核条款的局限使法律建设没有体现出先进的理念和应有的合理行为框架。所以，首先，应建立审计提供监督、评价和鉴证的法律基础，突出服务型、法制型政府的责任考核设计、执行和问责关系；其次，应当尽快制定符合我国实情的责任评价和考核体系，结合中央与地方、上级与下级间的职责与分权深化责任分层以及责任公开的监督法律建设；最后应通过法律化使审计服务的权责明确化，使审计技术规范建设常态化，没有技术规范就不能够真正转变政府责任审计职能和达到预定目标，因此，应加强法律机制体制建设，不要使政府责任审计无法可依，成为空谈。例如，创新审计职业化机制、强化审计报告审理机制、完善审计机关应对政府信息公开行政诉讼的法律条款等（中国审计署审计科研所，2018）。

三、政府责任审计目标实现路径选择

（一）完善政府责任审计目标和体系建设

审计目标的完善将有助于弥补公众委托与政府责任间的不透明状态，增进政府与公众的互信，实现社会公平。目标在操作层面应主要体现公共资源使用与管理的有效性，并且紧密结合审计目标的"3E"和"5E"等核心因素，如，英国政府审计将经济性、效率性和效果性作为核心因素，但却不断赋予其内在的经济和非经济性的责任拓展。本文建议设定政府责任审计总体目标与具体目标两个级次。总体目标中突出效率性和效益性（注意非经济责任内涵的变化），但必须明确"效益"和"效率"的定性和定量化解释和范围以及相应的法律责任、行政责任、制度责任总体要求。具体目标则突出经济性、效率性、合规性和效益性，设计定量指标和定性指标，尤其关注责任以及制度的设立、程序和结果等影响。其中经济性主要是投入资源的节约与合理；效率性是指投入与产出间的比率是否正常；合规性是任何决策行为、操作过程以及最终结果都应以法律规范为前提；效益性则是针对上述方面达到目标的程度进行衡量，包括经济性效果和非经济性效果，关注生态、可持续性、社会性等公众的需求。在鉴证服务与评价、监督方面，尤其应当关注具体目标权重，增强具体目标的分类细化；关注目标指标间的横、纵可比性；关注目标与指标量化过程和公众参与程度等。

此外，本文建议在总体目标与具体目标之外，设定区域环境考核指标，并打破政府条块管理界限。如按生态功能区、资源功能区、河流流域区设定相关的共同治理责任审计专项目标。其中包括具体的技术衡量标准和政府职能部门的责任认定标准。突出政府审计部门的主导地位和超然独立性，配备责任追究的层次与标准。

（二）深化政府责任审计目标实现机制探索

王会金和王素梅认为政府审计应将推进民主法治、维护人民群众利益作为根本目标。在路径选择上，需要进一步树立科学审计理念，提高审计免疫能力，坚持全面审计，突出重点审计工作，推进问责机制的建立，加强审计体系间的业务协作。宋夏云认为审计目标的实现需要专业胜任能力强化机制、独立性保障机制、审计规范机制与审计报告健全机制。刘力云认为政府责任机制主要由明确和健全责任、责任履行、责任监督、追究责任四个环节构成。张龙平和李璐（2009）依据国际审计与鉴证准则委员会（IAASB）依据国际质量控制准则第 1 号（ISQC1）的最新理念认为应当推行全面质量管理以实现政府审计质量控制目标。

结合中国实践特点，本文认为，应在三方面加强目标机制建设。

首先，实现审计部门的权力赋予机制以及部门协作机制是关键。服务型政府和法制型政府均需要创新性地增强审计服务的功能，如何增强审计部门的独立性和权威性，是增强公众委托、政府责任间最为核心的机制。出于多种原因，我国政府责任审计在很长时间内会依托于政府，利与弊的争议均是围绕于此。有学者认为，审计部门依托于人民代表大会将有助于审计部门权力的至上，但考虑审计执行力和我国国情，多数观点认为应依托于政府。本书认为，当前主要的问题在于各级政府转变职能过程中，应在强化审计部门独立性、权威性的同时，还要配合促进其功能转变的进程，尤其是充分利用和拓展其评价、鉴证功能，提高政府的决策和执行能力。由于传统观念的影响，领导"拍脑门"式的决策以及各政府部门的"条块"分割，审计被认为是监督者，其评价、鉴证的巨大价值往往被忽视，审计服务功能大为降低。

其次，规范审计技术与方法提高审计执行、服务能力是根本。由于政府职能的转变，当前急需提高审计涉及的技术方法和技术规范。当前各地审计人员、审计观念和审计技术等参差不齐，如在环境审计中的信息技术方法、绩效考核中的指标设定以及相关技术指标的调整等方面存在诸多不足，大大影响了其监督服务能力的发挥。此外，限制审计的范围或是仅针对某些单位进行的审计不符合财政资金的有效监督要求，更不利于审计服务的能力总体提升。

最后，落实审计公告与责任追究机制以促进政府责任审计的透明、公平。公众期望获得政府公共管理资源利用与管理的公开信息，尤其涉及重大决策和重大民生等投入，期望考核其资源利用效果。但显然，我国现有政府责任审计在此方面很难促进公开、透明，对于责任的追究和审计结果认定均受到多种限制，尤其是在认定方面很难将责任追查到位。探索政府责任审计的权力保障、信息公开以及政府责任问责的落实是重要现实问题。因此，需要探索社会的有效监管和参与方式，明确审计监督的执行主体，以使审计职能的发挥更加流畅。依靠公众的参政议政、创新公众监督的导向与形式、培养社会监督力量是责任落实的关键，也是必然。

（三）调整政府组织结构和理顺政府服务职能

我国政府责任审计建立在政府依托基础之上。政府组织机构建设应当突出政府定位，其中涉及机构设置、制度安排、服务职责等科学化的管理。同时，这将极大促进政府审计部门的服务鉴证的定位和目标的形成。传统审计起点低、不系统，容易引发对应审计实践环节的不完备以及审计质量控制的偏差，这种"修补式"的审计需要从理论和机理改革中彻底得到限制。在具体操作中应关注两个方面。一方面，政府的服务型和法制型定位决定了政府必然退出一些公共经营领域而转为调控者，但经营领域和公益领域的划分与管理需要组织监督体制的保障；政府在公共资源的授权、取得、利用等阶段需要组织优化，应将其职责领域在怎样的合理范围内才能够满足公众目标的需求作为组织保障成败与否的衡量标准。另一方面，需要对政府在制度、程序和法律建设中的表现与政策实施效果进行系统对比分析，对于上下任领导涉及的可持续性、重大安全利益和公共安全等领域应考核其前后任间的政策与资金投入的持续效果，重大绩效领域需要成立专门委员会进行深层制度和政策责任的重新权衡，中心是体现基于公众期望下的审计目标对政府责任的监督是否能够得到落实。此外，建议增强公众的监督、反馈以及沟通渠道，以完备法律和制度缺陷造成的基础民生、资源生态、国家安全等影响社会和各地方可持续发展问题。同时，增强审计部门提高鉴证服务的能力，包括建设民间审计、内部审计等综合信息提供支持平台，并将独立审计引入公共领域，与政府审计间形成信息交流和制约机制，但注意两者间不可进行经济利益往来。

第三节 目标导向下政府责任审计的"逆向困惑"解析

审计目标的主要决定因素是社会需求和审计本身的能力。需求是审计目标的建立之本，而审计自身是对社会需求的平衡和发展。责任政府充分明确政府服务职能定位，并表现出对公众负责、对法律负责和敢于担当后果的特色。但其建设难点在于如何科学落实和问责监督。审计作为"促进政府角色转换的重要工具"，因此面临了两难的境遇。审计供给落后于社会需求差距的扩大使审计应重新审视目标定位与自身发展的路径。

一、政府责任审计的目标困惑与保障

（一）一种现象："正向逻辑"与"逆向困惑"

在公共管理中，政府需要在"能"与"不能"间权衡并不断优化自身管理职能，这是政府管理进步的体现。一是"能动"体现出其自主让渡独立承担的责任并且将参与管理者扩大为社会管理领域。权力与责任间的对称配置是此趋势中的核心。责权信息透明以及与公众的沟通方式是基本的途径。二是"治理"的基础是分权与问责体制，其责任落实是根本所在，即符合公众期望的目标和法律要求。"能动"与"治理"是"善治"型政府的基本特点，通过内在权威和使用新的方法与技术，更好地对公共事务进行控制和引导。审计具有上述政府职能的固有特点，但更为主要的是其具有完成和公开公众委托对政府管理特有的期望和社会客观需要的问责信息。

治理、职能、责任三者是完成审计目标的基本环节。理论上，"治理"是核心，"职能"是途径，"责任"是目标。现实中，三者的关系可以表述为"治理

—职能—责任"或者"责任—职能—治理"①。一方面，政府治理结构的完善才能够使其职能定位合理，最终实现责任到位，本书称之为"正向逻辑"；而另一方面，只有责任问责的建立才会促进其职能与角色调整，实现治理结构的根本转变，本书称之为"逆向困惑"②。

增强审计部门的独立性和权威性，是增强公众委托、政府责任间最为核心的机制，其中，审计过程中对公众知情、参与和引导的程度是根本。出于多种原因，我国政府责任审计在很长时间内会依托于政府，利与弊的争议依然存在。现实的选择是互动的双向驱动式改革，最为紧迫的是现行体制下转变政府责任审计的目标定位与实现机制。

（二）政府责任审计目标实现的基本保障

审计目标的实现程度来源于正向治理需求。如何使政府责任审计功能更好地发挥，这与传统的管理权利与思想会产生冲突，多方利益博弈与公众社会管理参与程度的弱化是制约审计目标重新定位的主要障碍，其主要体现是权力冲突、角色冲突与利益冲突（李志平，2010），表现出"作为与不作为之症"。制度约束上的不健全、激励机制不灵活、责任意识淡薄等原因最终使责任审计也"力不从心"。因此，理论上，需要完善政府责任框架下的审计范围和审计目标间的互动和保障，理顺审计目标层次与审计问责机制，细化政府责任审计的功能与鉴证标准。实践中，需要围绕制度责任、行政责任和经济社会责任，探索审计机构本身的服务型和法制型转变的实现途径，让鉴证、评价、监督职能实现定量与定性化的目标，强化其服务与监督能力的操作性。

审计机关的监管方式、组织利益和自由裁量权等一系列围绕审计目标的保障机制需要进行系统优化。首先，应解决监管系统中"谁监管"和"监管谁"

---

① 有必要明确的是本文所指"治理"，除具有相关组织配置外，主要体现治理制度、政策和程序设计是否合理、是否有效执行。

② 之所以称之为"逆向困惑"，主要是我国政府审计属于行政型，相对立法型审计而言，不具有天然的治理结构优势，因此，行政系统内部职能管理中的错位、移位、空位、重位等必然产生责任目标难以落实的"困惑"。相对于"治理—职能—责任"，从责任推动职能调整再到治理改革具有逆向性。

的问题。权利与责任的相称使单一的处罚监管向预警性、参与性和动态性的目标模式转变。我国审计机关隶属于政府，提升监管的责任范围以及对公众进行合理的期望回应，本身就是政府责任审计的职责范畴。合理的组织利益在"能"与"不能"间需要更关注公众对审计机关的监管和透明性的要求。审计机关自身应当实现对社会公众负责并使其处于公众的监督之下，主要是保证其权力和责任的超然，并且通过其他立法机关、司法机关、媒体、网络以及社会公众等多形式的信息渠道了解工作质量。其次，审计机关应主动提升问责的公开性、透明性。一方面，参与管理，监管预算，考核决策，主动增强审计在政府系统中的服务、咨询、引导功能；另一方面，拓展制度鉴证，公共资源评估，政府服务开发与创新评价，加强审计善治过程。美国审计署（GAO）最新发布的政府审计准则（GAS）（2011）明确规定，政府审计应该针对政府政策、计划或行政工作的合规性、有效性和经济性提供独立、客观、无偏的评价。

二、政府责任重构及审计目标的分层

（一）政府责任重构

审计治理功能定位仅仅是目标实现的基本前提，政府责任边界确定与审计目标多元化的对应成为解决当前"困惑"的另一难题。

有关政府责任的界定与范围争议颇多。罗章和涂春元（2000）系统分析了三类说（道德责任、政治责任、法律责任）、四类说（道德责任、政治责任、法律责任和行政责任）和五类说（政治责任、法律责任、行政责任、道德责任、生态责任）。张成福（2006）提出政府责任是公共责任和内部责任的综合。李嘉明和李雷鸣（2006）认为政府责任包括经济责任和非经济责任。本书认为，政府责任在现实中表现最为突出的是政府管理责任，包括行政管理、治安管理以及司法管理和国家安全的管理。服务型政府管理"以人为本"的思想体现为制度的合理性、合法性，如不以此为出发点，就会出现"重考核轻沟通、重奖惩轻服务、重治理轻公平、重权利轻错位"的局面。因此，应将服务型政府建设纳入法治轨道,将政府服务固定为法律上的义务,使政府服务成为一种硬约束①。政府责任应包括行政责任、制度责任和法律责任三个基本责任。从审计角度衡量标准可再分为定性和定量两大类,以便对责任的评价做出客观的描述。根据审计目标进行细分,每一责任类别下具体设定管理责任(目标设定、组织设计、项目合法性、管理方案等)、资金使用责任(资金到位率、投资比重、预算制定与控制、项目运行质量等)、投入与产出责任(经济效益、社会效益、生态文明效益)以及环境责任(资源利用与保护、污染源控制、水质粮食等民生安全等)。这些责任需要围绕管理制度建设中存在的问题而不断优化。

(二)政府责任审计目标的分层

审计目标的多元体系除了表现出对责任监督的内容多元化,也体现出目标层次表述上的多元性。这是责任特殊性的必然要求。然而,我国在政府责任审计领域的有关目标以及由此产生的机制研究尚不成熟(蔡春,2011;李晓慧,2011)。

有研究者认为,审计目标应分为一般目标(总体目标)和具体目标(分项目标)(吴泽民、施青军,2005;王文娟,2006)。其中,总体目标主要是针对性地审查、评价政府项目或活动的经济性、效率性和效果性("3E");分项目标是将总目标具体化,并结合任务特点细分不同的分目标,是总目标的基本实现途径和保障。彭韶兵和周兵(2009)认为,审计评价的目标是公共权力的配置效率,核心是行政职能的配置与牵制,审计目标具有多级的层次性。他们认为,政府审计分类目标应当包括合法性经济责任、合规性经济责任、绩效性经济责任、安全性经济责任、社会性经济责任5个方面。Stewart(1984)曾提出政府责任目标的"五层次梯形理论"(包括政策、项目、业绩、过程、正直与合法性五个方面)。美国会计学会(AAA)的分类目标则包括四项内容,分别是:财务资源运用、遵守法律要求和行政政策、业务活动的效率性和经济性、政府

---

① 刘熙瑞.法制化:服务型政府建设的最终归宿[EB/OL].人民论坛电子杂志,2010 - 10 - 20.

计划和活动结果。

目标是一种体系，具有基本定位及充足的实际保障，目标实质具有了动态化、制度化、法律化特征，其架构内的因素与层次优化才会推动效能。上述不同角度的目标层次设置似乎并没有形成普遍与特殊间的审计项目关系。如强调总目标与具体目标但却忽略了不同项目间的特殊性，不具有直接的引导性。强调了经济、效率与效果，但却没有突出总体与具体、共性与特性间的关系，不利于责任的明确与评价。本书建议是否可考虑建立政府责任审计的共性化与个性化目标层次的设定，即分设共性目标与个性目标。比如，同样是环境审计，可以将共性化的和通用性的指标进行全局性评价，以利于政府责任部门间的总体效果的控制；同时，个性化目标则针对其特殊领域或者特殊情况进行单独补充审计，以便明确管理中的个性问题。再比如，共性目标可以按区域增设专项目标，包括生态功能区、资源功能区、河流流域区等专项目标，个性化目标则仅针对区域内的具体城市或者政府管理单位与部门所辖范围进行单独审计。

三、目标视角下的政府责任审计的路径选择

（一）目标视角下的审计理论与体系尚待完善

现行的审计理论与体系存在以下几个问题。

1. 现行研究力度不够。我国政府责任的研究近年来已经趋于成熟，但责任与制度监督的矛盾尚未根本解决，持续跟踪审计的推动力量并不完善。截至2019 年 3 月，在知网数据库中输入"政府责任"，共出现 2972 篇文章。2012 年以前，有关"政府责任审计"的文章共 49 篇，其中目标研究为 3 篇（尹平，2011；宋夏云，2006；柳州审计局，2009）；审计机制方面的仅有 4 篇（刘力云，2005；王会金、王素梅，2009；宋夏云，2006 等）。2013—2018 年底，国家治理理论和政府责任研究迎来一个高峰期，但是审计目标的研究并没有将考核标准建设结合起来，缺乏操作性的设计。有关实证性研究的文章很少出现，现行研究有以下特点。一是政府责任审计研究严重落后于政府责任研究，与政府审计职责与功能地位不符，尤其是其对于政府角色转换的促进作用在理论与实

践中均未得到重视。二是国家治理体现了政府系统的优化趋势，审计职能与审计目标必须符合政府转型需求。三是审计应当在多大程度和范围内，以何种方式提升其职能以及如何保证其目标的实现少有问津。

2. 基于目标视角下政府责任审计"逆向困惑"的"能动"不足。首先，存在观念误区。①政府审计尚未摆脱传统方式的功能与角色定位，审计职能变化未能跟上政府服务创新的步伐；②审计体系内的独立性和审计职能缺乏创新。其次，目标实现机制存在设计缺陷。①基于责任审计范围内的权责和公众目标间缺乏联动体系与支持手段；②目标界定未与问责体制、自由裁量、部门利益、监督方式等进行总体设计，出现目标设计和执行上的脱节。最后，目标定位以及与之相应的技术、法律规范的建设尚存在不足。例如，行政分权体制与职能系统优化、审计职能权限与地方政府权限、鉴证标准与问责范围等改革滞后。此外，审计增强其服务的主观能力尚不突出，对热点和战略领域审计的技术手段落后。

（二）审计目标实现的措施与建议

政府责任审计面临的问责机制建设中最关键的因素是责任边界和责任落实机制，成为当前的"责任困惑"——执行者目标不畅、评价者目标不清、委托者目标不实①。必然审计面临责任如何界定和目标差异如何追究责任等问题。显然，解决当前的"逆向困惑"是理顺政府责任审计的关键。据此，本书提出以下几点建议。

1. 增强审计自身目标保障程度并建立与社会需求相适应的沟通机制。"治理—职能—责任"的正向推动作用是考验政府服务与法制程度的一个标志，"能"与"不能"、权力与责任均是博弈的动态过程，如果在治理结构中，优先考虑审计治理在国家治理中的重要性和战略意义，将会极大改善审计治理体系。

————————

① 实践中，内外原因形成的"逆向困惑"使执行者独立性受到约束，审计目标往往难以达到设想或者公众期望的状态，本文称为"不畅"；政府责任的评价者或者监督者往往不了解责任的范围或者相互"包庇"而不透明其责任程度，本文称为"不清"；而公众或者社会管理者作为委托方，对于目标的期望或者自身利益的保护得不到满足，本文称之为"不实"。

本书认为，在实现机制方面，审计机构一方面对国务院负责，另一方面受到人民代表大会与政协等相应民众参政机构的监督，形成了接受中央审计委员会的中统一权威高效领导的审计体系，独立性 所加强。此外，避免审计部门受制于政府的过多干扰，在人事安排方面强化地方与中央的任命权相分离。建议在涉及重大民生、国家战略、资源生态、经济安全等方面进行大胆借鉴与尝试，增强中央垂直管理、地方审计权限与地方政府间的授权机制改革，避免公共利益和国家利益受到进一步损害。另外，建立各级审计委员会与公共管理需求间的互动机制，使社会需求能够在审计目标中得到完全体现，并监督审计机关取得技术进步，促进审计质量的提高。

2. 转变政府责任审计功能并促进共性与个性审计间的协调发展。首先，应当明确审计的服务职能。从治理层面紧密结合传统领域审计和新增政府职能审计，对各级政府的创新性行为、服务质量与管理水平进行审计，以促进和评估这些做法的成效。并形成对未来建设进行服务指导的有益经验。同时，转变审计的监督思想，将防范、建议和预警作为解决问题的关键，事前审计的功能应得到体现。针对政府职责范围内的事务，增强审计的主动化、过程化和参与化将更有助于审计的效率和效果的提升。只有审计自身定位明确了，增强服务意识与政府职责的相互协调，才会更有助于其鉴证、评价工作的开展，才会真正走上"正向解锁"的状态。其次，政府责任审计探索共性与个性审计指标间的体系设定以及检验其融合程度，将利于打破条块式的多头管理，并直接体现服务和法制转型的社会需求。

3. 提升审计观念创新与服务能力并加强问责机制的执行力。政府责任审计以受托经济责任为基础，在公共服务理论和国家治理结构中对责任又有新的拓展。服务功能反映出公众对其发展的战略需求。但这需要政府审计改革的决心与信心和源自国家权力的保障。英国政府转型改革的成功经验以及我国审计署在推进问责机制方面的尝试均体现了政府优化管理的取向。问责机制实现了激励的有效性和过程的公平性、透明性。在我国，自由裁量权和权力无度、越位、缺位、错位现象严重（沈荣华，钱伟军，2009）。然而，我国在审计目标设定上，典型的特点是比较抽象，而操作性的、针对性的、系统化的标准却不成熟。这样将会在较长的时间内将责任审计限定在经济责任方面，不利于政府责任担当。此外，我国政府责任审计更多关心事后性的目标，包括收支合规性目标、效益性目标（可分为经济效益、社会效益、环境效益等方面）等，如果制度设计和执行不合理或者政策效果不佳，又如何杜绝这些现象呢？美国、英国等国家的治理理念已经将制度优化作为审计的问责基础，针对评价相关单位内部控制制度或程序的恰当性，来理顺责任追究的根源。建议加强审计制度评估的力度和技术投入程度，健全和深化责任与问责的制度评估机制、责任实现推动机制、责任担当机制、责任效果问询机制等。总之，建立直接、实效、操作性强的具体目标，将其与责任追究紧密联系，才会有助于政府责任审计问责的深化。

本章小结

政府职能转变引发了政府责任审计目标多元化和职能转型。这既涉及转型实践需求，也是基本运行机理使然，需要将责任审计定位于服务型政府审计目标之下。以政府责任与委托关系重构为基础，明确目标视角下的审计理论框架，结合现实中的不足，建议完善政府责任审计目标和体系建设，深化政府责任审计目标实现机制的探索，调整政府组织结构和理顺政府服务职能。

同时，政府责任审计的治理、职能、责任三者关系在审计目标实现过程中形成了"逆向困惑"破解难题。应增强审计自身目标保障程度并建立与社会需求相适应的沟通机制，转变政府责任审计功能并促进共性与个性审计间的协调发展，提升审计观念创新与服务能力并加强问责机制的执行力。

本章分别针对多元化目标下的审计理论框架与运行机理、多元化目标实现过程中的"逆向选择"进行分析，理顺了多元化审计目标的实现机制建立的基础和前提。

第四章

政府责任审计的目标实现路径动因与选择

随着公众对政府责任信息质量需求的深度和广度不断拓展，国家治理的观念、组织、权重等现代化元素不断丰富，以"经济、效率、效果、环境、公平"为主的"5E"已经成为目标多元化的主要表现。同时，经济社会发展的文明程度的提升以及经济结构转型的社会压力增大，使得人们对于国家治理框架下的政府责任的期望加大，开始反思短期利益和长远利益在政府决策和规划中的平衡。当前的政府改革以及政府责任审计的调整都处于较为困难的时期。目标导向和政府责任审计效果间的实现路径让公众的质疑开始加重。由于政府责任的复杂性、潜在性、多元性，出现了国家治理要求的审计目标难以保证和实现的困境。新民网（2012）调查显示：目标实现的阻碍因素位列前三位的分别是：执行不力、信息不公开透明、官员贪腐。该调查结果一定程度上说明了审计应担当的国家治理作用的紧迫，以及审计满足公众期望目标实现的必要。本章将重点分析目标实现的深层动因和现实选择。

第一节　政府责任审计目标实现路径的基本问题

前文论述了国家治理视角下的审计机理和理论问题，但并没有分析这些基本问题的根源所在。政府责任多元化趋势中，各国审计目标的实现机制不断调整和完善。比如，澳大利亚审计署将绩效审计逐渐变成重要的持续跟踪审计职能，针对原有的"公共部门结构僵化、服务死板不灵活"的缺陷，推动部门管理者对管理职能责任的改革，建议提升效率审计。在目标定位、功能选择以及职责状态等环节，尤其是"3E"到"5E"要求的变化，显示了政府与公众关系的紧密以及政府对公众责任内涵的深化。这引发了责任的主体、内容、形式和范围的变化，引发了业务框架、审计时间、审计成本、审计范围的深刻变化，使传统的审计目标实现机制受到冲击。究其原因，有来自于政府责任自身的因素，也有源自审计机构理念与方法方面的因素。

政府责任表现为各个部门、人员以及相应系统下的整体担当。但这一担当必须有制度保障。各国建立不同的审计模式、审计体制以及凸显审计的独立与权威，均源于此。从目标实现角度来看，许多国家的改革主要涉及三个方面：一是各国对审计独立性机制采用了不同的组织形式；二是审计目标的实现机制建设侧重点有所不同；三是都关注了审计的目标落实机制建设。这些涉及公众的需求强度、政府治理理念的转变、国家权威机构的改革等一系列问题。概括而言，审计目标实现机制通常需要组织职能和岗位职权的优化配置。依据信息非对称理论，这有利于推动审计功能的实现（许蔚君，2006），促进对政府受托经济责任评价与监督的信息透明和公开。这种优化配置的关键是如何减少信息非对称，如何提高审计效果，以及如何降低审计自身"道德风险"和独立性不足的问题①。

一般而言，审计目标实现机制的基本问题体现在以下几个方面。

第一，目标实现的集权与分权形式。政府责任审计涉及政府责任划分与界定，其实质是分权优化。分权可以理解为"反对不同的规范模式，或者不同的实际出发点"，其中涉及了两个主要的事实：①当涉及政府结构及其功能时，可指旧制度向新制度的发展和变化过程；②当涉及分权趋势时，可指从概念上如

---

① 本文认为经济责任关系是审计发展的基础，代理关系存在信息不对称推动了审计的根本发展。由于我国是政府型审计，又是中央与地方的双重领导体制，本文尤其突出了这一背景下的机制分析。

何吸收既定条件的特殊性产生的影响。审计目标实现的组织基础是合理分权，例如，人民代表大会和政府间对审计的授权与问责权限、公开追责权力的设计等。这与经济发展水平、短期与长期转轨要求以及居住结构等均有直接关系①。它决定了审计目标的涵盖范围和内容等的层次高低，多元化责任必然要求更高层次的组织资源保障和公平内涵的外延表达。分权的主要功能在于实现其技术性、整合性、民主性以及合作性（D. 波普维克），以此促进审计目标的多方主体参与和合作，并以此考虑组织资源配置、职责内涵等问题。F. 莫萨达和托马斯·弗莱纳（2009）对分权改革进行了反思，当社会服务转交给地方，需要解决合理安排权威及地方各部门间的沟通问题，否则会降低地方的公共服务能力。地方审计机构与中央机构间对目标层次、职责权限、追责保障应合理统筹，审计目标的实现需要上下组织互动式的系统设计过程。实践证明，调整与重塑审计机构设置和人员配备，尤其是深化监督模式将有助于公共治理绩效问责。未来的政府之间，特别是政府与非政府之间的合作会更加广泛、更加紧密，集权和分权将围绕公共事务管理效率的实现进行资源配置。

第二，目标实现的沟通形式。西方国家对政府责任审计目标实现的一个典型做法，是增强沟通的渠道与方式，多表现为公众的参与式监督。公共政策的主要目的是及时有效地解决公共问题，但是，"应有现象与实际现象的偏差，或者是系统的现有姿态与期望状态的差距"②，使沟通极为重要。Helga Hohn（2000）曾指出，无障碍的交流是使团体成员明确目标，带来有效的组织运作和对交流者的理解③。公共服务本身应具有让公众回到治理中并得到公共服务的本质。审计恰好具有公共服务的特质，增进对公众的回应能力是其应有的品质。审计缺乏理性的框架目标和交流方式就不能够实现政治承诺，公共部门也就只会选择不增进公众参与的方式去沟通（Kirlin，2002），进而违背了目标契约的

---

① T. 布莱斯编. 地方分权：比较的视角［M］. 肖艳辉，袁明辉，译. 北京：中国方正出版社，2009：1.

② 姜圣阶，等. 决策学基础［M］. 北京：中国社会科学出版社，1986.

③ Hohn, H. D. social dynamics & the paradox of leading an innovative team. Presented at conference. collaborating across professional boundaries：from education to practice. Chicago，2000. 11.

实现原则。因此，政府责任审计需要建立与被审计单位和公众信息监督期望间的良好沟通机制，使目标得以实现。沟通和重点在于政府治理风险管理评估、政府改革议程、跨部门和管理、机构活动合规性方面，工作的重点是引导公共部门依法强化管理和绩效水平①。

　　第三，审计目标实现的问责渠道。目标实现的重要环节是对政府多元责任的合理追责，其关键性是责任标准和问责渠道。①从同体问责到异体问责、从权力问责到制度问责，仍需要问责机制的不断优化。②问责法律、问责范围、职责界定的标准目前尚未理顺，多元化责任复杂程度更加重了这一局面的难度。审计对党政、正副、上下级间的责任考核难以奏效。目前，我国审计成果多止步于揭示原则性问题，审计报告或公告中的问责径直披露、问责方式、问责力度、问责手段比较落后。审计目标的实现应具有更强的制度效率或组织效率，以及具有更全面的内涵效果，包括强化标准扩大范围、提高力度等。而避免这种效率缺失的途径是进行必要的机构改革和机制改革。增强政府责任审计的评价机制是促进问责的重要手段，英国著名的"雷纳评审""公民宪章运动""电子政务运动"等被认为是典型的政府责任评价渠道的创新范例。澳大利亚则由单一的法效市计转向传教指标体系建设之上。因此，从整体出发，如何统筹中央与地方市计项目联动和增强市计推动被市计单位与公众间的任意对称性，改善市计机关与公众间的审计公告透明度，依此是重大难题。

第二节　政府责任审计目标的实现路径动因分析

一、我国政府责任审计目标现状

我国政府责任审计起源于 20 世纪 80 年代的经济绩效审计。国家审计目标

---

① 审计署科研所. 国外审计动态与观察. 北京：中国时代经济出版社，2017：48－52.

已经具有总目标、具体目标和项目目标三个相互关联、基本完整的体系，引入了国际的普遍理念，但在政府责任审计中却没有得到细化。

实务中，仍然存在诸多突出的问题。①政府责任审计目标实现机制系统性不强。比如，依据《审计法》规定审计是独立于被审计单位的机构和人员，对被审计单位的财政，财务收支及有关的经济活动的"真实、合法、效益"进行审计，但是对环境和制度公平审计却未能够跟上公众需求的程度；审计重点仍然是以资金导向审计为主，审计目标实现机制缺乏统一性、全局性和协作性；审计功能与目标保障尚未很好融合，服务理念与方式落后。②目标实现机制的设计与执行差距很大。现代式的多元化目标要求与传统式的执行保障机制不相适应，造成目标执行的机制、运行方式及功能发挥的不和谐。③政府责任审计目标的实现机制信息透明度不足。我国审计信息的交流渠道非常有限，一是公布形式和机制的不广泛、不长效；二是对于政府责任单位的整改情况缺乏披露和有效的制约；三是社会公众参与的程度未满足当前需求，事后审计与整改难以满足公众对资源管理的期望，审计目标实现程度大打折扣。

二、目标实现路径的动因分析

（一）制度激励效应动因

制度经济学认为，通过制度安排和产权确立会产生对经济活动的激励效应，可以提高效率。制度包括内在制度和外在制度两种①，其中，内部制度引导共同体或者多数人的行为。内部制度并不能够杜绝机会主义，因而需要外部环境制度建设，并努力促进两种制度间的相互转化。审计目标的实现其实是公众对政府责任制衡的体现，但又涉及审计工作效率与效果。刘礼（2007）认为，政府审计制度服务对象的功能体现为满足社会公众的需求，而政府审计制度作用对象的功能主要体现为资源配置，促进经济秩序和发展，降低政治交易成本及

---

① 内在制度包括习惯、内化规则、习俗和礼貌等；外在制度包括行为规则、特殊目的指令、程序性规则与元规则。

行为导向和社会整合这四种显性功能以及信息和激励两个隐性功能，而显性功能通过这两个隐性功能对个人行为发生影响。

因此，必须关注目标实现构架下的内部制度激励层次、内容和方式，否则多元化的政府责任目标将缺乏动力支持。激励还可能源自外部制度的强化，形成外在的目标实现的物质激励和精神激励。柯武刚和史漫飞（2000）认为政府通过外部制度设计、推行、监督和强制，促进公共服务的公正激励。审计的行政色彩，同样具有这样的激励需求。但是，审计具有层级关系和集体利益性，会形成维护取得收入与私利保护间的平衡或交换。对政府责任多元化审计的单一加强，势必引发相关人员或单位的消极对待，有悖目标的实现。制度经济学认为，政务人员的工作努力程度与报酬间呈现出典型的正相关性，通过价格激励（报酬）可以避免非理性行为①。多元化的政府责任审计目标需要关注复杂工作环境下的"人文"制度建设，促进制度激励的良性发展，产生激励效率、资源配置效率、风险规避效率以及法规约束效率（汪洪涛，2003）。

（二）行政管理效率动因

行政管理的主要职责是促进组织配置的有效性和提高管理效率，涉及技术、行为、配置和制度四个方面。多元化的政府责任下，这些方面更具有宏观性、不可分割性和难以衡量性。审计目标的实现不再是单一的某一环节或者职能部门的简单考评，需要从审计目标的资源配置和责任分担进行系统性的评价。配置的效率包括生产效率与消费效率两个方面，通常配置与技术效率融合进行，技术效率强调投入与产出，而配置效率注意不同投入所产生的不同的产出效果。这为多元化政府责任审计目标实现提供了新的思路，即强调技术优化的同时，需要兼顾在审计目标实现方面的资源配置的不同所形成的效果间的关系。比如，日本政府曾因一系列政策失误、政策失效加深了国民对行政效能和政策有效性的质疑，在 20 世纪 90 年代末日本经济低述情况下，日本政府推出了"政府评估体系"，以此推动行政管理效率，促进国民治理目标的实现。行政管理理论认

---

① 唐天伟. 政府效率测度［M］. 北京：经济管理出版社，2009：29.

为，不要把公众当作一般的消费者；而且提供给公众最佳的审计技术的透明性和增强组织的配置上的可信性，会极大增进公众的信任和理解，增进"克服官僚主义和提高政府效率"①。唐任伍和刘立潇（2013）认为行政管理体制中权利、利益等矛盾源于个体、集体的理性冲突，并导致行政管理过程中行政管理问题识别、行政管理方案制定、行政管理方案执行等阶段的偏差，使行政管理目标实现艰难。他们认为应当完善正式制度，强化非正式制度的作用，理顺个体之间、个体与集体之间的利益关系，有效规避这种理性的矛盾。

（三）路径依赖"惯性"动因

诺思（1993）认为，路径依赖类似"惯性"，事物一旦进入某一路径，不论是"正确的"还是"偏离的"，都可能对这种路径产生依赖。对组织而言，一种制度的形成会给某些利益方带来既定收益，因此，即使是新制度对全局更有效率，利益方也不会放弃原有的选择从而维护其利益。从这一角度而言，路径依赖理论（Path Dependence）认为技术、制度或组织的演化并不必然遵循效率逻辑。在报酬递增等机制作用下，次优的技术、制度也能占据主导地位②。不过，Garud，Kumaraswamy，Karnoe（2010）提出路径创造思想，对路径依赖与路径创造进行了区分：前者是管理者可能没有充足的时间或动力积极地在路径发展过程中发挥作用；而路径创造是试图实时地塑造不断演变的路径发展过程③。张文秀和郑石桥（2012）认为，国家审计本质上属于经济问责，问责对象是政府治理系统中的任务确定及资源配置子系统。在经济问责系统中，国家审计的基本功能是经济问责信息保障机制，由于各国的国家治理整体构造和问责机制不同，出现不同国家的审计差异。德国通过完善各分支机构的直接领导和管理机制，推进审计机构精简设量，突破执行力障碍和路径惯性。刘家宏

---

① 邓小平. 建设有中国特色的社会主义（增订本）［M］. 北京：人民出版社，1987.

② 刘汉民，谷志文，康丽群. 国外路径依赖理论新进展［J］. 经济学动态，2012（4）：111－116.

③ Garud，Kumaraswamy，Karnoe. Path dependence or path creation［J］. Journal of Management Studies，2010，147（4）：760－774.

（2009）认为，政府应在制度、体制上进行改革和创新，建立健全可操作的绩效评估体系，提高审计人员的职业与道德素质。

可见，多元化的责任目标实现机制有两个必要环节不能被忽视：一是现有条件下，选择哪一种路径具有创新性；二是以何种方式实施这一创新。这涉及"责""权""利"下新的结构均衡状态。目标实现机制必然需要对"路径依赖"或"路径创造"的权责结构优化调整。

第三节　政府责任目标实现路径优化

一、目标实现机制的基本构成

依据前文所述，多元化政府责任审计目标的实现机制可以概括为"组织—激励机制、技术—配置机制、路径—结构机制"。本书强调三项中心机制联动的同时，并不反对各个机制独自或者联合所产生的综合效果，仅是突出上述实现机制的特殊性和针对性。有效的机制主要取决于三个变量，即耦合的有效程度、运行的同向性和信息传递的通畅性①。

（一）组织—激励机制

所谓"组织—激励机制"是强调对多元化政府责任审计的目标组织管理的系统化和扩大化。选择最恰当的责任环节和责任控制点，增强责任目标实现机制涵盖的层次和广度，依据管理费用小于市场中的交易处理费用原则，充分发挥审计权力以达到有效的目标保障。将资源配置的目标趋于一致，需要进行激励机制、政绩考核机制以及信息化机制的组合，需要审计署与地方各级审计机关集权与分权的独立性制衡机制的协调，需要组织设计与考评、过程激励、激

---

① 沈荣华，钟伟军. 中国地方政府体制创新路径研究［M］. 北京：中国社会科学出版社，2009：167.

励透明、高层次的问责的制度保障，见表4.1。审计署应当依据政府责任多元化和公众需求多样化重新设计总目标和具体目标，突出组织结构优化与横向沟通的定位，加强信息查询与监督系统的开发建设，制定目标期望下的公平的激励机制，提升公众参与程度与信息透明程度。地方审计机关应当针对地方发展特色和基层操作完善具体标准，依据组织期望进行恰当的激励模式设计和落实行政责任、法律责任、制度责任的追究，建立当地人民代表大会专业监督委员会及省政府对审计独立的制衡机制。当前，我国反腐斗争形势严峻，围绕目标的短、中、长期的目标层次体系，增强目标落脚点建设和准则的规范性建设有利于营造良好的政治风气、文化理念、公平环境，形成行为准则和价值理念的共同感。2018年3月21日，中共中央印发《深化党和国家机构改革方案》并建立中央审计委员会，创新审计管理体制，如何形成中央与地方组织关系的制度安排、机构层次，优化地方国家论理监督体系的健全和完善将是组织—激励机制的核心，营造"治理生态圈"将更有利于"善治"实现。

表4.1　组织—激励机制主要子系统

组织—激励机制	重点控制机制	审计署	地方审计机关
机构目标	责任的界定与考核技术	依据政府责任多元和公众需求多样化重新设计总目标和具体目标	针对地方发展特色和基层操作完善具体标准
功能定位	组织设计与激励考评机制	组织结构优化与横向沟通	激励机制落实
设立依据	过程型激励	制定针对政府责任审计的共性期望和分配以及公平等激励机制	依据分配期望进行恰当的激励模式设计
职权范围	明确职责与权限	人事制度、组织制度、奖惩考核制度	中央审计组织适当授权
承担责任	优化审计目标决策选择过程	行政责任、法律责任与制度责任①	行政责任、法律责任、制度责任

① 现行法律中规定为领导责任、主管责任和直接责任，但长期而言，应针对实现目标进行相应改革。

组织—激励机制	重点控制机制	审计署	地方审计机关
职责状态	激励的透明程度	公众参与程度与信息透明程度	当地公众信息透明
问责途径	建立高权力层次的问责保障	人民代表大会专业委员会及国务院、公众信息公开与询问制度	当地人民代表大会专业委员会及省政府、公众信息公开与询问制度
目标	大数据基础设施并形成内部控制机制	人大专业委员会、中央市计委员会、省级市计委员之间的目标激励体系	政府间职能部门制度优化和信息透时机制

（二）技术—配置机制

多元化政府责任涉及定性和定量表述的技术问题越来越复杂，很难单一表述。技术是保障审计目标的前提，区块链审计技术的家起为审计目标实现和追责提供了创新方向，但政府责任往往涉及政府权力与相应利益的冲突。近年来，西方国家论理冲突中出现了"民主膨胀"，过度民主偏离了国家治理"善治"的主线，一些研究者和实践者开始反思等级制、市场、网络的治理效率与影响因素。如何打破这一局面，必须对技术的实施有足够的配置保障。美国早在2009 年就已经将"大数据"引入公共实时领域，不断增强技术支持。依据组织行为理论，企业组织机构一定与技术的复杂程度相适应。审计工作具有较强的工作多样化和可分解特征，技术特征与组织结构特征密切相关。配置增强了技术间的依存度，加深了集权集中程度并对沟通方式提出更高要求，涉及机构目标、功能定位、设立依据、职责范围、承担责任、问责途径和职责状态等多个环节，其核心在于人才培养。审计署应推进审计手段创新与建立相应技术成果维护机制，建设学习型组织并加强审计机关组织与资源保障，完善人事制度、组织制度、绩效考评制度、创新组织结构、提升文化与学习能力，加强审计公告制度与责任追踪制度建设。地方审计机构应突出特色性的技术优化与组织保障，建立"以人为本"的培训机制，创新组织结构，提高文化与学习能力，见

表4.2。

表4.2　技术—配置机制主要子系统

技术—配置机制	重点控制机制	审计署	地方审计机关
机构目标	责任划分与量化机制	推进审计手段创新与改进并且建立相应技术成果维护机制	针对地方特色突出审计技术与保障建设
功能定位	技术进步与资源协同	建设学习型组织并且加强审计机关组织与资源保障	增强地方突出问题技术优化与相应组织保障
设立依据	柯式评估模型①	"以人为本"的培训与保障	"以人为本"的培训与保障
职权范围	优化人员结构、专业以及配置分配	人事制度、组织制度、分配制度	中央审计组织适当授权并优化人员结构、专业
承担责任	质量责任、制度责任、绩效责任	创新组织结构、提升文化与学习能力	创新组织结构、文化与学习能力
职责状态	有效的审计结果	审计公告制度与责任追踪制度	审计公告制度与责任追踪制度
问责途径	建立内部问责保障	审计署领导层和中央审计委员会	审计署领导层和各级中央审计委员会
技术手段	套数后期发与联网机制	审计署等多主体协同制度	地方主体协同

（三）路径—结构机制

路径—结构机制主要表现出在"惯性"中的创新性以及对创造性行为的保障。即审计目标的实现程度往往体现在发现了问题却没有真正进行处理的"隐

---

① 唐纳德·柯克帕狄克博士1959年提出来的反应、学习、行为、结果水平的评估模型，又称柯氏评估模型。

性行为"中。目标层面的权责结构制衡是关键，这一制度的核心是信息公告制度与监督机制。路径可看作是审计目标的实现步骤或者系统，并为达到一定的目标而设计。路径—结构机制的核心是对目标实现提供更多合理保证。首先，应界定部门职责与权限；其次，公众满意程度与社会期望是路径与权责结构是否合理的最终标准。一方面应增强工作的多样性，减少规则、减少层次，组织应尽量扁平化，以增强路径选择的适应能力。另一方面，增强团队建设中的信息透明机制，明确方向与目标中存在的问题，避免多头领导，结构才会真正发挥作用。审计署应增强路径优化方案评估以及透明保障，强化审计部门在各政府部门的特殊审计权，实现目标与组织结构间的联动；地方审计机构应增强效果考核的透明性，享有超越其他政府部门的特殊审计权，见表4.3。

表4.3　路径—结构机制主要子系统

组织—激励机制	重点控制机制	审计署	地方审计机关
机构目标	优化"惯性"与结构创新	围绕审计目标建立相应的组织权责结构体系	围绕审计目标建立相应的组织权责结构体系
功能定位	路径优化方案评估以及透明性	机制评估与效果考核以及透明性	机制建设与效果考核以及透明性
设立依据	绩效模式与控制方法	绩效模式与控制方法	绩效模式与控制方法
职权范围	强化审计部门在各政府部门的特殊审计权	应赋予审计署超越其他政府部门的单独审计权	应赋予地方审计机关超越其他政府部门的单独审计权
承担责任	绩效鉴证、监督、评价责任	绩效评估与鉴证、监督、评价责任	绩效评估与鉴证、监督、评价责任
职责状态	目标与结构间的联动	目标与结构间的联动	目标与结构间的联动
问责途径	建立考核与评价机制	人民代表大会专业委员会及国务院、公众信息公开与询问制度	人民代表大会专业委员会、公众信息公开与询问制度

二、目标实现机制的现实路径

（一）提高多元化政府责任审计目标实现机制的协调性

审计目标的实现机制运行的关键在于中央对审计部门工作地位的重新审视。除法制化约束外，需要提高审计本身的服务能力、鉴证评估能力的保障性，机制建设的优化是必然的选择。审计部门业务具有特殊性，政府应给予其更高的审计事务权限内的审计保障，明确问责的主体，强化审计结果的透明。本文主张，增强公众监督下的政府责任落实机制的尝试，改变过去的多个政府部门的联席制度，引入听证制度，提高政府多元化责任的目标落实，实现监督机制的公开，提高公众参与程度。

（二）关注多元化责任界定标准与审计目标实现的技术创新结合

目前政府责任主要集中在经济责任领域，对于其他责任尚存在诸多争议。本书主张政府责任的划分应突出法律、行政和制度责任，在此基础上，建立定性与定量结合的鉴证评价体系。同时，对于审计技术在解决上述问题中的创新应有足够的重视，也就是说，先转化审计机关和人才的观念，才会真正将审计技术未来的作用发挥好。建议增强法律规范，对政府责任中的行政、法律和制度责任进行明确，完善审计部门的权利保障和考评办法。改变过去的直接责任、领导责任以及主管责任的相应划分，重视对制度等持续性审计而不是仅对"领导"的审计。

（三）探讨公众期望与责任审计间的有效沟通方式

如果将公众的知情权当作正常的心态进行处理，不将公众当作是简简单单的"消费者"，那么，就会转变现行许多工作的思路和出发点。如建立基层"民声"沟通机制就会得到责任效果的一手材料，有效地将自身工作放在透明的状态下进行，反而会得到公众的理解。沟通的方式可以选择主动式和广泛式相结合的方法。一是增强主要审计结果、公告与跟踪处理情况的流程设计。二是改革信息摄取的渠道建设，让公众、媒体、人民代表大会等更多地了解审计信息，增强其信任感。审计权威和独立程度将有利于这一环节的建设。三是增强审计结果的跟踪处理情况统计与发布。政府官员的短期政绩有可能与国家或公众的长远利益相矛盾，应避免"官员腐败"，涉及官员提拔体制要考虑官员任命与提升前的审计信息发布，这样会更好地避免干部管理的被动局面出现。

本章小结

政府责任担当的多元化、复杂化，使审计目标实现面临挑战。目标实现机制需要组织、技术、权责路径保障体系的重新优化。本章依据制度经济理论、行政管理理论以及路径依赖理论，明确机制的动因和构成，主张构建组织—激励机制、技术—配置机制，以及路径—结构机制对目标实现机制的保障制度，增强目标实现的现实选择。

第五章

审计目标实现路径的国内外对比与经验借鉴

第一节　新公共管理下的政府变革

之所以引入本话题，是因为审计部门作为国家治理的重要组成，深受政府改革理念与行政管理思想的影响，从而在很大程度上左右了政府责任审计的走向。

一、西方主要国家行政管理的改革焦点

在传统的公共行政管理中"一旦政府介入到某一政策领域内，它就可以通过官僚制组织结构成为商品和服务的直接提供者①"，但传统的行政管理的官僚体制也引发了组织僵化、等级化、不透明等许多问题；产生了形式主义，并且产生官员权力凌驾于法律之上的现象，其最主要的特点是"只注重过程，而不注重结果，没有人对结果负责"；滋生了"不求有功，但求无过"思想，大大降低了政府工作效率和质量。哈默和钱皮认为政府需要"再造"并进行"重新设计"，以便在成本、质量、服务和速度等衡量组织绩效的重要尺度上取得根本改善。

---

① 欧文·休斯．公共管理导论［M］．北京：中国人民大学出版社，2002：2．转自王义，《西方新公共管理概论》：4．

从 20 世纪 80 年代起，西方国家就意识到传统官僚体制的弊端和残酷的现实，纷纷转而重视公共部门管理，包括英国美国、欧洲大陆以及澳大利亚、新西兰和日本等。其中，美国的企业化政府改革运动、奥地利的行政管理计划、丹麦的公共部门现代化计划、法国的公共行政计划、希腊的 1983—1995 年行政现代化计划、葡萄牙的公共选择计划、澳大利亚的财政管理改进计划等比较典型。① 劳伦斯·R·琼斯和弗雷德·汤普森提出新公共管理理论的"5R"战略，即重构、重建、重塑、重组、重思，并构成了新公共管理的分散概念的一个框架。其中"重构"要通过全面质量管理、价值链分析、基于成本的活动进行；"重建"则主张自下而上的组织建设，以提升服务质量为焦点并减少循环的时间和成本；"重塑"主张组织应当走上新的服务模式和市场，通过战略规划、市场研究和目标成本网络和联盟来实现；"重组"则需要基于绩效的组织，多分支机构，责任预算和审计来实现；"重思"则表示授权一线员工，评估服务绩效。新公共管理理论承认审计的重要作用，并运用审计获得政府行为的转变。奥斯本提出"政府再造"的五项策略，即"5C"战略（核心战略、结果战略、顾客战略、控制战略、文化战略）。其杠杆分别为：目的、激励、责任、权力和文化。如果组织没有明确的目标，就无法实现高绩效。对于公共管理而言，目标具有更重要的地位，应用"创新机制来界定目标和战略以改进政府的掌舵能力"，政府各部门集中于政策和方向，执行部门则关注其公共服务提供或执行效果。我们注意到，"5C"战略中突出了目标体制下的"激励"和"责任"因素，但并非所有的公共活动都能够置于市场激励的单一形式之下，因而需要进行责任和文化的细化，理清"对什么负责""如何负责"和"何种责任"。由于政府很难对结果负责，西方国家将其中的一些责任转交顾客或者利益公众，以促进对其责任的透明。

有学者将"管理"解释为：通过自己的行动引导、控制事务的过程，照料

---

① 陈振明. 政府再造：西方"新公共管理运动"述评［M］. 北京：中国人民大学出版社，2003：3.

或看管①。其更倾向于实现过程的"控制或获得结果"。从行政体系的本质而言，其主要任务是提供服务和指令的过程，而管理则是强调管理者为获得的结果负个人责任②。但如何将责任落实到位，各国则有不同的做法。①英国的主要做法是鼓励私有化并提高效率，将竞争机制引入管理机制，承诺公共服务的标准和质量。②在美国，将竞争引入政府管理的同时，强调"顾客导向"的服务体系，以企业家精神重塑形象并且将"绩效为中心"的考核进行深化。戈尔时期更加关注目标制度的建设，明确管理人员应达到的目标并赋予更多责任，以明确政府"从服务到授权、从规章到使命、从投入到效果、从官僚到顾客、从浪费到收益、从集权到分权、从计划到市场"的改革目标。③新西兰是西方国家中政府改革最为彻底和典型的，大胆地进行了"合并相同职能、避免利益冲突、拆散那些难于管理、缺乏重心、惯于隐瞒信息的大型组织"，突出信息、效率、合作、决策和责任。新西兰很好地处理了目标和责任间的关系，治理了各部门目标不清晰、不明确，职责混乱，信息不畅和重点单位冲突等问题，尤其是提出了"责任面向结果"，根据追求的结果来分配资源。同时，严格了绩效考核，将投入转为结果和产出的控制。④澳大利亚的突出做法体现在增强行政改革的绩效和透明之上。其主要目标是"创立约束和协调决策并进行充分的辩论机制"，但因为没有注意到私人部门的管理技术和公共管理部门的本质区别，引发了严重的利益冲突，同时，澳大利亚也遇到推行绩效考核"评估难、考核难"的问题。⑤加拿大的典型之处在于其突出了"政府责任的刚性原则"，即将任何一项政府管理功能分配给一个单独的政府部门，并提出了部长个人责任和内阁部长集体负责制的理念，具有良好的效果。加拿大以责任为中心，突出效率和公平的公共服务建设思路。⑥日本和荷兰则有自身的特点，均突出了组织保障体制建设，涉及政府与市场、政府与企业、中央与地方的相关内容。

　　20世纪70年代末，新公共管理运动广泛兴起，公共部门绩效及其责任成为社会各界关注的焦点，绩效报告成为解除公共部门受托责任的重要方式。国家

---

①　陈振明.公共管理学原理［M］.北京：中国人民大学出版社，2000：2.

②　王义.西方新公共管理概论［M］.青岛：中国海洋大学出版社.2006，4：16.

审计在宪法和其他法律的授权下，向利益相关者提供公共资源使用绩效和公共受托责任履行情况的鉴证服务和绩效审计服务。国家审计作为重要的公共部门之一，在各个国家中参与治理的强度和范围有所不同，但均受到各国普遍的重视，并被运用到落实政府改革目标和责任落实之中。如美国审计署自 1986 年开始每年发布《绩效与受托责任报告》①，同时这也是一份年度工作总结报告。绩效报告主要由引言、管理层讨论与分析、绩效信息、财务信息、监察长视角下审计署面临的挑战、附录等构成。② 不过，新公共管理运动在特定时期的需求会有不同，随着"市场化、结果导向、公民为本、民主参与"理念和原则的确立，西方国家公共管理提升了政府部门责任与绩效的联动协同。胡德认为"新公共管理"是一种以重视明确的责任制和绩效评估，以独立为主的分权结构，采用私营部门的管理技术、工具，引入市场机制以改善竞争为特征的公共部门管理的新途径③。突出强调分权、民主、责任的理念，推进质量管理制度。不过，这个进程中"民主膨胀"现象致使行政"效率较低、资源浪费严重、财政赤字扩大、目标表达不清等"问题。信息化时代，通过大数据平台和技术软件的结合，人们期望能够有效地提高行政效率。

二、我国政府行政改革发展的基本探索

（一）实践方面

我国政府公共管理改革的提出是在改革开放以后，经历过几次政府机构改革和人员调整的过程。最近一次是 2018 年的政府机构改革，进一步简政放权、

---

① 资料来源于美国审计署网站，美国审计署在 1986—1998 年发布《年度报告》，1999 年开始发布《绩效与受托责任报告》。

② 其中，管理层讨论与分析是简要介绍组织绩效与资源运用情况，包括内部控制设计及运行情况、组织面临的挑战、影响组织绩效的外部因素等。绩效信息，详细介绍组织实际绩效、下一年度绩效计划、项目绩效等内容。财务信息，详细阐述审计署的经费来源和运用情况，具体包括首席财务官致辞、经审计的财务报表和附注及解释性信息、外部审计师和审计咨询委员会的报告。监察长视角下审计署面临的挑战，为监察长认为审计面临的挑战。

③ Hood C. A Public Management for All Seasons? [J]. Public Administration, 2010 (1)：3 - 19.

提高行政效率、优化政府管理，意在破除制约市场在资源配置中起决定性作用、更好发挥政府作用的体制机制弊端。与西方不同，我国政府的规划性和主导性更浓，各地政府在改革开放后的 40 年的进程中，不断创新治理方式与手段。近几年来，我国政府对国家治理具有更加清晰的认识。构建国家治理监督体系和国家治理能力体系的方法更具有针对性：一是建立全覆盖体系，如构建国家治理框架；二是坚持推进全面融合，如打通政府行政壁垒；三是推进基层国家治理的夯实，如社区治理；四是推进国家治理现代化和信息化，如，建立信息化政务平台。

相对于以往出现的"精简—再膨胀—再精简—再膨胀"的政府机构改革模式，国家治理现代化的目标具有效率性。何哲（2019）认为治理正在升级，治理结构正在转型。"信息高流动性、透明性和去中心型分布式"结构，向"非中心、跨科层的整体与均匀的网络社会"结构转型①。

不过，当前的国家治理和行政化改革的法律依据更充分，法律保障、公众参与的渠道增多，地方政府的财权、事权、物权改革正在进行。当前的新《预算法》，相对以往具有更强效的预算和绩效制度约束力，但由于存在制度交叉、重叠、错位以及信息障碍，形成了特有的"逆向选择"倾向。另外，政府没有退出市场的动力，我国政治改革从属于经济改革，政府管理与市场调节交织，机构利益、部门权益、职能交错，成为我国公共治理改革的"疑难杂症"。同时，预算标准和执行、绩效考核、责任追究等一系列的监管技术和手段没有跟上经济管理的发展需求，使国家治理效果和期望差异较大。当前，国家治理与行政管理水平和"五位一体"总体布局、协调推进"四个全面"战略布局和治理能力现代化的要求不适应。例如，机构设置依然不合理，职责缺位和效能不高，政府职能转变还不到位，等等。

（二）理论方面

近年来，政府管理改革得到不同程度的探索和发展，总体来看，我国政府

---

① 何哲. 治理升级：球型治理方式前瞻 [N]. 北京日报，2019 – 04 – 15.

管理的焦点和矛盾更加明确。①李靖和钟哲（2013）认为，作为一种多元化公共事务治理模式，公共管理已经取代公共行政成为当前行政学研究的主要范式。他们认为中国政府面临的、凸显出的问题大多与传统公共行政模式有关，但中国的公共管理学科初步构建起了"稍显稚嫩但较为完整的独立学科体系"。②谢丽威和韩升（2013）认为现代公共管理必须承担起提供交换正义的道德使命。当前中国正围绕客观责任的界定，力求全面到位的确立规则和构建制度。现代公共管理的善治目标要求超越单一的责任中心主义，并积极寻求现代公共管理之责任冲突的伦理化解。③吕志奎和孟庆国（2013）指出，协作性公共管理是在反思传统官僚制行政模式和碎片化新公共管理模式的基础上形成和发展起来的。它代表了当前公共管理新的发展趋向或研究途径，或者说，未来的公共管理将是一种"协作性公共管理"模式，应重点体现在发展跨地区、跨部门协作性公共管理。近些年来，我国政府面临的许多关于协作性管理的事件，如非典、雪灾、地震和禽流感等引发的"恶劣性的问题"，严重挑战了我国以划地界为边界的单边管理模式，将我国协作性管理的诸多问题都暴露无遗。④朱鑫灏（2013）认为，公共管理作为一种"管理"活动，科学主义、人文主义和管理文化主义共同构成了形塑、评估公共管理基本方向①。

可见，我国政府公共管理同样面临了西方国家的一些问题，但又有所不同。如何加强政府责任的管理向公共管理责任的转化，各国的途径并不相同，但基本在权责制衡、公众监督以及组织机构的协调方面做出了系统的努力，并且重点增进政府责任的绩效考核、制度激励以及成本效益的公平合理。各国不断加强和重视国家审计在公共管理责任中的地位，突出其对国家治理的参与作用，并实现权力制衡权力的局面。本文仅针对中西方政府责任审计有关的内容进行了一些梳理，目的是确定公共管理内涵下的行政改革取向，以及突出国家审计的使命与角色。

---

① 科学主义维度，即需要在"成本"和"收益"的对比均衡中通过经济、效率和效益等指标寻求合理性。人文主义维度，即公共管理是一种"公共"活动，具有天然的政治性，需要在公平、人权、民主、自由等价值意蕴中获得合法性。管理文化主义维度，即公共管理的合理性和合法性都建立在一定的载体基础之上，需要形塑具有廉洁、守法、服务、发展等品性的公共部门。

第二节　政府责任审计目标实现路径的中外经验和探索

一、政府责任审计参与国家治理的方式与途径

为了更好地理清国家审计推动国家治理的路径，表 5.1 列示出一些国家或组织在审计推动治理方面的经验与做法。

表 5.1　其他国家审计参与国家治理的领域、方法与经验

国别/组织	治理领域	治理方法	治理经验
世界审计组织	例如，新西兰强调审计在环境中的变化，尤其关注政府绩效审计和环境审计，保护公共资源明智使用并可持续发展	例如，新西兰审计署参与由高级员组成的经营监督委员会，参与改革与响应，而非事后审计	世界审计组织（INTOSAI）在未来增强两方面的工作：一是向公众报告财务信息；二是需要向公众报告非财务信息。不但关注资金花费至何处，更关注花销结果
英国	英国公共管理专家委员会提出和讨论了审计的问责制、透明度和公民对政府信任（2009）	SAIs 各国最高审计机关提供了良好的平台促进公众信任，也促进了善治（good governance）和实施国际发展目标，包括联合国年发展目标。专家委员会还创建必要的框架增强独立的外部政府审计的深度	所有 25 个 SAIs 和欧洲审计院有一个共同的目的——检查和报告公共资金的使用情况。一些国家还开展绩效审计，经济、效率和有效性的检查。此外，部分国家还执行除此之外的审计

续表

国别/组织	治理领域	治理方法	治理经验
美国	美国审计署（GAO）不断拓展国家审计服务国家治理的范围，最终将自身定位为提高国家治理水平的专业服务机构	GAO提出了审计机关成熟度模型，即打击腐败、增强透明度、问责、政府能力、采用最佳做法的方式改善政府的工作、前瞻功能	（1）美国审计署不断拓展国家审计服务国家治理的范围；（2）围绕完善国家治理的定位设置组织机构。（3）围绕国家治理重点制定战略规划，同时每年发布大量审计报告和高风险领域清单
澳大利亚	澳大利亚审计署（ANAO）（2009）称国家审计正在开展最前沿的环境追踪审计，并在相当大的范围内甄别组织的"生态足迹"，修补成本效益制度，尤其是节能和办公室消费制度	在政府内提升环境质量控制能力和提升核心商业活动的环境评估	ANAO与各州审计署相互独立，无隶属关系但设有派出机构。与财政共同进行政策推广与协作。严格制定与执行计划，对服务对象（公众）信息需求进行足够沟通，服务议会、纳税人与被审单位
欧盟	欧盟审计法院（ECA）的唯一任务是促进欧盟财政管理的提高和促进问责制与透明度	成立欧盟审计法院（ECA），主要方法为：一是加强审计独立性与客观性；二是依据国际标准进行建立大量、适当的证据制度；三是相关利益者对其报告的高度信任，关心公正、客观和真实	路径为：（1）加强ECA单一机构建设；（2）提高质量保证和质量控制措施；（3）确保审计政策的解释和应用与实践一致；（4）促进基于风险审计策略优化利用资源，满足不同利益相关者需要
韩国	强化财政秩序、优先对需要事项分配资源、提供高效公共服务	重塑内部审计部门的角色、功能、专业性、独立性和程序，强化公共财务管理，恢复公众的信任感	审计监察院与内部审计机构合作拓展至新的领域。但审计结果披露不充分
日本	以政府行政效能以及政策有效性为重点，由正确性、合规性审计转变为效果性审计	完备相关法律、多主体评估机制、信息披露全面	建立内部评估（由各行政部门实施）、准内部评估（由总务省实施）以及外部评估（政府外部机构实施）

资料来源：①http：//www. INTOSAI. org/news. ②http：//www. NAO. org. uk/，等官方网站，并经作者整理。

需要强调的是：德国非常重视绩效审计，要求探究投入资金与取得效果之间的关系，力求以最小的资金投入达到预期效果①。在权力监督制衡机制中，鼓励改进做法，开源节流。法国的绩效审计涉及财务、效益、责任的综合，也涉及审计对象的经济性。

德国与法国按 Williamson（2002）、Grossman 和 Hart（1986）的说法，利用审计形成"权力制约权力"以解决交易成本降低和权力分配问题。我们发现，西方国家审计一方面增强自身角色的影响，突出其与公众或者国家整体利益间维护，增进与委托方或者公众的信任。另一方面，又不断促进责任和绩效的落实，推动政府管理水平和制度建设，促进社会的公平和公正。让公众或者利益群体更多地参与到公共治理过程中，是实现科学决策、监督保障、问责追责的重要基础，但前提是需要注意理顺相应的关系。

审计首先需要增强相对于政府或国家权力机构的独立性，其次是制度结点与配套组织设置，最后形成有效的监督、考核、评价与问责制度。表 5.1 中，国际审计组织或机构基于"信任"和"服务"来推动治理，围绕公众重大利益领域寻求审计的独立性、客观性与权威性，重点增强组织保障、制度透明和结果公开，追求审计推动治理的可持续性。其中，依据不同国情，分别涉及政府责任边界问题和多元化管理的明确化问题，又涉及审计激励、独立性、审计功能的转变问题。此外，审计服务融合创新会促进信任，"正义"力量被扩大；信任又会提升审计的地位和保障国家治理的效果。维护公平和效率的实质在于"促进"和"监督"制度的完善和落实。

二、审计目标实现机制的国内探索

（一）我国政府责任审计发展的基本历程

1. 产生与初创阶段：20 世纪 80 年代中期到 1999 年。我国政府责任源自经

---

① 审计署审计科研所. 国外审计动态与观察 [M]. 北京：中国时代经济出版社，2013：28 – 39.

济责任审计。黑龙江省、安徽省等地所属的县级审计机关，在 1985 年针对国有企业改制中存在的问题，开始探索对厂长、经理离任前的承包经营公证性审计。1998 年，中央纪委在菏泽开展领导干部经济责任审计试点，并提出在全国对党政领导干部和国有及国有控股企业领导人员开展经济责任审计。

2. 探索发展阶段：1999 年至 2005 年，全国完成了县级以下党政干部审计的全面展开。1999 年，中共中央办公厅、国务院办公厅印发《县级以下党政领导干部任期经济责任审计暂行规定》和《国有企业及国有控股企业领导干部任期经济责任审计暂行规定》（以下简称《暂行规定》），标志着我国经济责任审计制度的确立。2000 年，审计署开始省部长经济责任审计试点（县以上试点）。

2004 年，将党政机关领导干部审计的责任范围扩大到地厅级。在审计内容、审计方法以及审计程序方面，我国政府责任审计均有一定发展，是重要的发展时期。这一阶段，经济责任审计工作在全国快速发展，实现了地厅级以下党政领导干部经济责任审计的制度化，并开始对省部级党政领导干部经济责任审计进行试点，得到了各级党委、政府和社会各界普遍重视和关注。

3. 深化发展阶段：2006 年至今，责任审计的环境发生深刻的变化。面对国内外复杂的形势，经济责任审计于 2006 年正式写入了《中华人民共和国审计法》，2010 年 10 月，中共中央办公厅、国务院办公厅印发了《党政主要领导干部和国有企业领导人员的经济责任审计规定》，我国政府责任审计正式走上法制化、制度化轨道。它涵盖了国有领导人、县级（含）以下的党政主要领导干部审计的制度化，对市（地、厅）级党政干部主要领导责任不断地完善和推进，省级领导干部的审计试点范围不断扩大，经济责任的审计监督制度趋于完善。2014 年，中亿委机关、审计署等联合印发《党政主要领导干部和国有企业领导人员经济责任审计规定实施细则》。这一时期，经济责任审计全面展开，推行离任审计与任中审计相结合，探索党委和政府主要领导干部同步审计，经济责任审计在制度机制、技术方法、效果效能等方面得到发展，经济责任审计监督制度逐步完善，逐步走上法制化轨道。党的十八届三中全会首次提出"领导干部自然资源资产离任审计"，并陆续在各地开展审计监督，以明确其在职期间的责任，完善生态监督链条和领导干部生态责任的考核机制。

（二）我国政府责任审计的经验探索

1. 完善了干部管理监督机制建设

督查机制的建设是对督查事项的跟踪监督，明确各部门工作职责，增强全体干部职工对规章制度的执行力。一般包括督查制度、问责制度、追究制度、复命制度、体系建设等。其中问责制度主要是应采取取消评优评先资格、诚勉谈话、通报批评、书面检查、公开道歉、劝其引咎辞职等方式，对部门或单位领导予以追究责任，以达到惩戒的目的，提高执行力。追究制度是要建立环环相扣的责任追究制，对不同层次、各个岗位的员工，制定出精细的责罚条例，让执行力弱或有过错者为其行为"买单"。复命制度是保证事事有落实、件件有回音。当执行人在执行开始后发现有困难或阻力，无法按时完成，必须在规定的时间内通过公开、正当的程序向主管领导反映，否则就没有任何理由不完成工作和任务。绩效考核是提高执行力的有效途径。绩效考核体系建设应该围绕企业的整体经营规划而建立，要设计一套关键绩效指标（KPI），既有明确的目标导向，又有对关键业务的考核；既营造一种机会上人人平等的氛围，又体现个人与团队之间的平衡关系，可以最大限度地调动人力资源，体现出简洁、实效、操作性强的特点。同时，还可以实施薪酬激励、培训激励和合理的授权激励，充分调动员工的积极性，提高执行力。

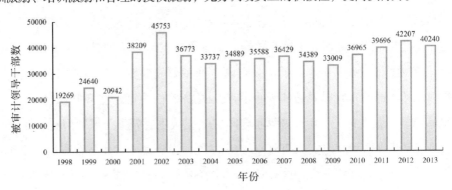

图 5.1　1998—2012 年审计领导干部人数

资料来源：审计署网站收集整理

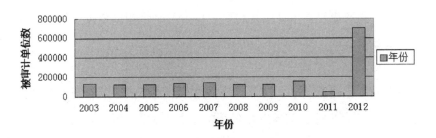

图 5.2　2003—2012 年被审计单位数量

资料来源：审计署官网

据统计，1998 年至 2012 年全国各级审计机关共审计领导干部 50 万人，被审计单位累计达到 150 万家（如图 5.1 和图 5.2）。

图 5.1 和图 5.2 可以看出，审计对干部和审计单位监督的管理涉及的责任人数和家数呈上升波动状态，审计监督机制不断发挥重大作用。其中，党政领导干部 43.33 万人、国有企业领导人员 7.05 万人。各级党委和组织部门参考审计结果，共免职、降职和撤职近 1.8 万人，受到组织处理人数占同期被审计领导干部的 4.3%。同时，各地也不断创新监管体制，完善各种制度和公告程序，如图 5.3。

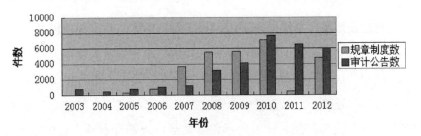

图 5.3　2003—2012 年度规章制度与审计公告情况

资料来源：审计署网站收集整理

此外，审计部门也大力推进了具体审计监督机制的方式。湖南人大常委会通过《湖南省审计监督条例》确定了经济责任审计的监督地位。湖北、辽宁、黑龙江、天津等地的党委和政府，将经济责任审核纳入对领导干部的考核、管理和监督，有问题不改正者不予录用。吉林省突出了"先审计，再任职"的干部任免程序。重庆市建立审计结果台账，作为考察录用的依据。山西省左权县对无经济责任报告的干部一律不予办理调动手续。

2. 不断促进国家法制建设

法制化制度化建设是健全权力运行制约的重要环节，以有利于提高执政能力和执政水平。1998 年至 2012 年，经济责任审计涉及领导干部贪污、受贿、侵吞财产等 20.94 亿元，移送司法机关 0.72 万人。移送司法、监察和司法机关的人数，占同期审计被审人数的 1.7%。其中，2003—2012 年度的国家增收减支情况如图 5.4。

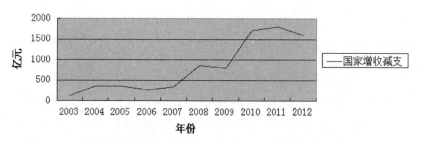

图 5.4　审计促进国家增收减支具体情况

法制化建设涉及多个层面和组织优化，尤其是体制和机制层面的原因。江苏省、黑龙江省（市）以及内蒙古呼和浩特市等地分别对人事用人权、用编权以及财权进行"同步式审计"。2013 年底的全审会提出，当前和今后一个时期审计工作的总体思路是，以监督检查财政财务收支的真实合法效益为基础，着力反映公共资金使用、公共权力运行和公共部门履职尽责情况，促进理好财、用好权、尽好责，履行好审计法定职责，努力实现对公共资金、国有资产、国有资源的审计监督全覆盖。

财政财务收支以及有关经济活动的真实性、合法性和效益性是当前审计的主要内容。1998 年至 2012 年，经济责任审计共查出违规金额 7900 亿元，管理不规范金额 17541 亿元，损失浪费金额 887 亿元。截至 2014 年初，我国地方经济责任的审计法规制度数量增长较快，见图 5.5。

地方经济责任审计法规制度数量											
行政级次	按制度类别划分的数量						按发文机构划分的数量				
	总计	领导小组或联席会议制度	操作规范	计划管理	审计评价	结果运用	其他	人大	党委政府	相关部门联合	领导小组或联席会议	审计机关
省（区、市）级	282	42	83	26	9	26	95	5	76	56	65	78
市（地）级	2683	537	821	221	138	258	713	29	777	333	757	772
县（市）级	8229	2454	1977	802	583	887	1379	67	2707	949	2278	2053
合计	11194	3033	2881	1049	730	1171	2187	101	3560	1338	3100	2903

图 5.5　地方经济责任审计法规数量

但在目前的执行情况中出现了两个十分重要的问题。一是对领导干部经济责任边界的研究决定着审计的基础和依据。因此，应明确权力边界包含的内容——权力范围、行使流程、目标要求、权责匹配（政治、经济、社会权力边界；政府与市场边界；个人与集体权力的边界）。二是由于各级各类领导干部经济职责界限不清，导致审计范围过宽或过窄，经常出现一些问题看得见、抓不实，更难落到人的情况。主要的症结表现在：体制性障碍、制度性缺陷、管理性漏洞。因此，财经法纪的建设质量与有效性和责任落实的明确性是今后改革的重中之重。

3. 不断提升审计的支持度和独立性

首先，领导支持的强化。我国的审计署直接受国务院领导，并实行中央与地方的双重领导机制，故我国国家审计的深度与广度需要政府的配合和权力的限制。从政府改革与发展的基本趋势来看，国家审计的作用与功能得到了认可。自 1999 年以来，各地党政领导同志对经济责任审计做出的指示和批示高达 51000 次以上，对审计发展的重视以及起到的作用均较为关心。

其次，加强理顺组织协调机制建设。全国 90% 以上的省市县建立了经济责任的联席会议制度或者工作领导小组制度，一般包括纪检、组织、审计、监察、人力资源社会保障和国有资产管理监督等机构部门，以及一同制定计划、共同参加审计交流等。

最后，促进审计自身制度化和法制化。《暂行规定》实施后，审计署于

2000 年 12 月审计署印发了两办《县级以下党政领导干部任期经济责任审计暂行规定》和《国有企业及国有控股企业领导干部任期经济责任审计暂行规定》实施细则。此后，中纪委、中组部、监察部、人事部和审计署 5 部委共同对经济责任审计工作提出意见与要求。2006 年 2 月，我国审计法明确经济责任审计的法律地位，并对经济责任审计的对象和内容做出了原则性的规定。各地对经济责任审计的制度与机制建设不断探索，截至 2012 年底，各省（自治区、直辖市）共同出台的法规制度等超过 12000 个。

4. 完善审计计划与管理机制

审计计划涉及工作质量的全局，主要体现在对审计目标的落实深度和广度方面。由于审计依靠组织部门委托进行，对涉及的责任的层次、人数、职责等的许多顾虑和执行均有极大的影响。同时，审计项目繁多、审计关系面广、审计管理环节冗杂、质量流程控制薄弱等构成了对责任审计计划与管理执行上的极大威胁。对此可以采取以下措施。

（1）加强计划调节。一些地方审计机关针对性地建立审计对象资料库，将其分类管理，实现动态化、流程化和协作化，以缓解审计压力。

（2）加大任中监督力度。全国审计机关均加大了责任的任中审计的比重，以促进审计的监督、预防和建设性的作用，提升了审计计划与管理工作的具体实施能力。据资料显示，2009—2010 年间已有 33 名省部长接受任中审计，占所审计省部长级干部的 90%。任中审计和审计管理在全国的情况明显得到加强，尤其任中审计占责任审计的比重得到提高：省级审计机关平均约为 58%，市级审计机关平均约为 40%，县级审计的比重约为 35%。部分省（区）在本级中的比重甚至高达 70% 以上。

（3）探索党政同步审计。各地政府的党政责任一直是审计领域中的难题，同步审计将在党、政关系与责任的分担界定进行探索。上海市对所辖 17 个区的区长和区委书记，重庆对所辖 20 个区的区长和区委书记，新疆对所属 12 个市（地）市长和市委书记实施同步审计。

目前，审计署正在大力推进同步审计制度，完善对制度建设与监督效果的提升。"只审计干的，不审说了算的"，体现出审计监督范围和行政权责体系的脱节，忽视了责任背后的深层制度问题。

各地在同步审计中积累了一些经验。黑龙江省注重党政领导的经济责任、审计内容和责任划分三个领域，理顺审计工作的主线。云南省则从 2008 年度起通过与高校的联合科研，形成理论基础并构建《乡镇长、县市长及国有企业领导人员经济责任审计评价暂行办法》。2012 年云南开始实施对地方行政、党政部门和高校领导干部经济责任审计评价暂行办法。同时，在州（市）委书记、州（市）长经济责任的同步审计中主要突出责任目标选择与完成。江苏省 2012 年由省委、省政府出台《江苏省党政主要领导干部经济责任审计规定》，对县（市、区）、乡镇党政领导干部实行任期内的"轮审制度"，即对涉及重大资金的重点部门、单位领导干部以及具有重要经济决策权、执行权、管理权和监督权等关键岗位领导的经济责任情况进行审计，任期内至少审计一次。并实行"四统一"的工作机制，即统一计划安排、统一培训学习、统一审计方案、统一审计实施。同时，江苏省还进行了"异地交叉同步审计制度"。安徽省淮南市已经从 2006 年开始就对县（区）委书记、县（区）长运用同步审计，目前成功的经验是"以权力运行轨迹为主线，谁主管谁负责，谁决策谁承担责任"，综合把握领导干部的领导能力、决策能力和管理能力。坚持实事求是原则、客观公正原则、统一性原则、全面性原则，形成"五大界定"：责任与前任责任界定、主观与客观责任界定、玩忽职守与工作失误界定、法律不健全下的工作断层与错误执行法规的界定、直接责任与主管责任的界定。

5. 完善责任审计内容

政府责任和多元化趋势，使审计内容由最初的财政财务收支为主，逐渐进行拓展和深化，目前的政府责任审计内容主要包括财政财务收支的真实、合法和效益情况审计、固定资产的管理和使用情况审计、重大投资项目建设和管理审计、内部控制制度建立和执行情况审计、对下属单位财政财务收支以及有关经济活动的管理和监督情况审计、领导干部履行职责过程中遵守有关说法从政（从业）规定情况审计。在此基础上，对领导干部的责任审计注重以下几个方面：①贯彻执行有关的法律法规以及国家工作方针政策和决策部署情况审计；②制定和执行重大意义经济决策情况审计；③领导干部履行责任有关的管理、决策等活动的经济效益、社会效益和环境效益情况审计。

此外，地方审计机关对审计内容与责任的深化进行探索。如浙江省在县、市经济责任审计中，以全部政府性资金为主线，将审计内容与全部政府性资产相对应。在我国审计领域改革中，已经意识到区域财政资金整体性的重要性。河南、辽宁、黑龙江、新疆、江苏、天津等省（区直辖市）开始重点关注产业结构调整、经济发展方式、土地管理、粮食安全、资源节约、环境保护、政府债务、科技创新、医疗教育等民生领域的政府责任审计工作。

6. 优化审计责任评价指标体系

坚持根据审计查证或者认定的事实，对责任目标和标准进行合理、合法优化，在其职责范围内对领导干部进行客观公正、实事求是的评价。目前，责任审计面临的评价体系主要是全面性、科学性和可操作性问题。湖北省和云南省探索建立了定量指标与定性指标、纵向指标与横向指标结合的审计指标体系及标准。浙江省提出"五审五评"对县市领导进行责任评价。湖南省的"三权一廉"体系对经济决策权、经济管理权、资金使用权和廉洁自律进行指标设计和评价，涉及环境、社会可持续发展的前瞻指标。另外，一些地方以"审计什么就评价什么"为原则进行了探索。

7. 形成审计信息公开的长效机制

责任审计目标的实现，关乎政府责任审计的可持续性和科学发展经验的积累。我国正增强对干部任用、考核、奖惩的考核体系建设，是重视审计结果制度的长效机制的表现。市计结果制度包含以下几个方面。①审计结果通报制度。如新疆、河南、湖北、内蒙古等。②审计结果公告制度。如青岛市将审计结果刊登在《青岛日报》。③诫勉谈话制度。如辽宁、四川、安徽、浙江等。④整改督察制度。如湖南、青海、山东、辽宁、甘肃等完善了问责机制与责任追究办法，将整改情况纳入党内廉政建设目标考核内容。

8. 提高专职队伍建设水平

专业机构与人员将有利于责任审计的开展，全国大部分审计机关均存在专职的责任审计机构，配备有专业性的人员。截至 2012 年底，这一数据达到 90％，且超过 50％ 的机构实现升级或人员高配。全国经济责任审计人员占全部审计人员的比重达到近 20％。

三、我国政府责任审计的主要问题

通过上述分析，本书注意到政府责任审计的主要障碍和矛盾依然严重，表现在量和质两个主要方面，尚需要我们付出更多努力去解决。

1. 政府责任审计尚未实现全面制度化

责任的追究是结果还是过程，当将责任和管理的重点仅仅归因于某一领导或者主要领导是不全面的。涉及管理内部或部门内部主要职责岗位领导的参与责任或者履责责任程度，它们对审计责任的结果生成存在必然联系，显然，我国未能够实现经济责任的覆盖。同时，重视行政责任忽视对党委责任的考核、强调行政主管领导责任忽视副手责任、重视上层责任忽视下层责任互动是当前责任审计制度不健全的主要表现。多元化政府责任的生成，源自国家治理的"善治"要求，涉及经济、政治、社会、环境等诸多领域，同样具有国家财政资金的投入，甚至公共资源的支持。近年来，我国较多的政府负面管理责任源于非经济领域，即过分强调经济责任的单一考核，使管理重点、监控手段、评价内容边缘化了某些公共重要领域，从而使非经济领域的腐败渗入到经济问题之中。因此，责任审计本身应具有全面责任问题，需要建立更广泛的审计制度要求。

此外，当前的责任审计的内涵也存在争议。第一，国家审计是生产力范畴还是生产关系范畴？第二，国家审计是工具，还是制度安排？是审核数字，还是对权力监督制约？第三，审计是经济范畴还是政治范畴？第四，审计监督是动态的还是静态的？是完全规范性的、程序性的，还是程序性与现实需要相结合的制度安排？责任审计内容存在混乱状态，虽然两办《暂行规定》及其实施细则详细列举了不同类别领导干部的审计内容，但过于笼统和宏观，在操作层面具有很大难度，尤其是审计机关如何界定和正确理解《暂行规定》中的内容？又如何突出重点呢？这里既然涉及审计理论层次，也涉及审计责任划分和相应的机理与制度的协调。从根本上说，我国的政府责任审计不可缺少制度设计与路径选择、权力监督技术与途径、审计信息公开与绩效考评三大课题。

2. 审计规模和技术建设未实现体系化

制度生成与制度落实往往存在矛盾，一是制度本身缺乏法律支持；二是制度执行脱离实际。如审计计划、审计对象与领域、审计标准等存在规模缺乏科学性，临时或突发审计现象经常出现，审计合理性、针对性、效果性不佳。在实践工作中，最为突出地体现在审计基础和依据不明。例如，每项权力责任要明确具体，需要落实到人，往往在操作上把"大力提倡"变成硬性规定；把自由裁量变成"具体标准"；尤其是罚则，缺乏刚性约束，难以落实到个人身上。

同时，审计技术标准、责任评价与考核界定还不清、问责制度与考核互动不足均是缺乏对责任审计系统设计的表现。例如，我国经济责任审计的基础和依据通常有11项①，审计过程中的操作和执行存在考量模糊和标准难以选择和运用等问题。此外，即使对现有的较成熟的责任审计，也因为业务量的骤增、强度骤升对现有审计力量造成极大冲击。例如，经济责任审计占全部审计业务量的45%以上，而审计专职人员仅占全部人员的近20%，审计效果存在保障质疑。政府责任的多元化发展，对审计目标实现提出更高的要求，系统化的设计和安排将有助于提高政府"善治"能力。

3 责任审计信息尚未实现信息化

信息系统由于减少了人员的操作干扰，因而具有较客观的数据统计效果。

①　11项依据分别为：（1）法律、法规、规章和规范性文件，党内法规和规范性文件；（2）政府工作报告、国民经济和社会发展计划报告、财政预算报告等；（3）中央和地方党委、政府有关经济方针政策和决策部署；（4）有关发展规划、年度计划和责任制考核目标；（5）领导干部所在单位的"三定"规定和有关领导的职责分工文件，有关内部管理制度和绩效目标，有关会议记录、纪要、决议和决定，有关预算、决算和合同；（6）国家统一的财政财务管理制度；（7）国家和行业的有关标准；（8）有关职能部门、主管部门发布或者认可的统计数据、考核结果和评价意见；（9）专业机构的意见；（10）公认的业务惯例或者良好实务；（11）其他依据。

同时，网络化使这些信息能够查询或者更大范围内得到公开，具有可信赖性。政府责任审计建设并非一己之力能够实现的，但审计署对信息化建设必须努力推动，这样既可提高效率，又可增强审计结果的可核查性，从而提高质控控制效果。例如，美国的居民住房买卖必须将其真实的信息公布于当地报纸，并接受市场监督，否则，将负相应的法律责任。如果我国政府责任审计公告或者审计信息实现信息化，显然会增强公众监管力度，从而提高质量。此外，对审计技术的理解应当具有全面性，即，既包括先进的理论和理念（"软技术"），也包括实际工作中运用的技术手段（"硬技术"）。前者涉及对责任审计观念、理论上的不断深化和纠偏，并对过去工作进行"扬弃"。后者需要对增进审计工作效果、证据获取、信息共享进行深入，包括空间三维航拍、全站仪、环境数据自动监测以及 GPS 定位等，使审计现场信息、证据信息得以共享从而减少干扰和不透明。对于已经形成的审计资料考虑建立"审计云"存储，能够让更多的后续工作、涉案线索、部门衔接等实现通盘了解。同时，配套完善"OA"办公系统和"AO"现场审计实施系统以及审计信息互动平台建设。

此外，责任的信息化尚未在部门分工和信息流程责任上得到明确。比如，关于不同层级（省、市、县、乡）、不同类别（地方行政首长、地方党委书记等）领导干部经济责任的差别尚未理顺，信息公开程度不够，责任公共监督存在缺陷，不利于责任的落实。

4. 审计评价与考核体系尚未实现真正推力

各级审计机关和审计研究机构与单位对绩效考核的理论设计不断深化，涉及的指标设计也层出不穷，实践操作部门也不断推进这些指标的优化。但必须注意到，审计的考核指标体系尚不健全，各层级和各种类的责任考核制度与标准尚未统一。例如，当前审计存在的"一边倒"的审计结果，即只说好听的，却很难把问题当作是主要的报告内容或者评价依据。具体而言，其矛盾表现在审计评价的尺度。此外，即使审计人员捕捉到线索，涉及责任人时，政府相关部门、党政系统也会有相关的干扰或者保护，从这一角度，审计机关对于一些重要干部和责任人的追究内容以及报告的内容会出现"失准"的现象，即"报喜不报忧"。

两办《暂行规定》第三十三条"审计机关应当根据审计查证或者认定的事实，依照法律法规、国家有关规定和政策，以及责任制考核目标和行业标准等，在法定职权范围内，对被审计领导干部履行经济责任情况做出客观公正、实事求是的评价。审计评价应当与审计内容相统一，评价结论应当有充分的审计证据支持"。① 从量化的角度和法律权威性而言，这一要求没有得到足够的支持和协作，比如，公检法、监察、纪检、各大部委等是不是均在严格地维护公共管理和公共安全？又如何将各自利益向弱势公众倾斜以体现公平？审计机关如何对政府系统内的评价做到客观与有效制约呢？然而，这些要求却很难在考核体系中全部反映出来。例如，依托国务院对地方政府行政首长在节能减排、淘汰落后产能、耕地保护、保障性住房等事项上实行的目标责任考核指标，将评价指标细分为基本情况主要指标和审计情况指标两类。事实上，在这一过程中突出了"强硬"立场下的政府激励，却很容易忽视不同环境与地区的特殊人文环境下的部门协同程度、百姓满意程度、流程的合理程度、效果的公平与公正程度等非量化性的指标和内容。同时，对于教育、文化等建设情况的考核又几乎在审计评价体系中被"边缘化"。另外，以何种指标作为具有性的要素或者内容，评价才会有说服力呢？审计的抽样总体在多大程度上代表了行业或者部门情况？例如，审计以国家"十一五"和"十二五"规划确定的指标为基础，以评价被审计地区总体发展情况为目标，选取了经济发展、结构优化等五大类 13 项指标作为基本情况主要指

---

① 党委政府主要领导干部经济责任审计评价指标：（1）人均地区生产总值及增幅；（2）财政收入总量及结构；（3）财政支出总量及结构；（4）财政支出预算率；（5）税收总收入及增幅；（6）第三产业增加值占地区生产总值比重；（7）高新技术产品增加值占地区生产总值比重；（8）公共财政预算收入占地区生产总值比重；（9）社会事业和公共服务支出占公共财政预算支出比重；（10）地方政府负债率；（11）基本养老保险覆盖率；（12）基本医疗保险覆盖率；（13）城镇登记失业率；（14）保障性住房建设完成率；（15）淘汰过剩产能完成率；（16）单位地区生产总值能耗下降率；（17）主要污染物排放量削减率；（18）生活垃圾和污水无害化处理率；（19）区域内主要河流污染率；（20）重要经济政策、部署落实率；（21）目标责任完成率；（22）重大经济决策违规率；（23）重大经济决策失误率；（24）重大违法违规和损失浪费问题及金额；（25）以前年度审计发现问题整改率。

标；选择了土地、环保等四个领域可操作性强的指标作为"审计情况指标"，重点反映审计覆盖面和违规问题占比。那么，条块式的审计能否提供相互重叠、相互依托、相互影响的制度优化和责任落实呢？又如何防止"以偏概全"？

5. 组织保障机制尚未给予足够的合力

从数量上看，我国审计组织的形式多样，包括各级审计机关、国务院相关部门、各级政府部门等均是其组织保障体系中的一部分。以审计组织领导机构为例，截至 2017 年底全国成立领导小组 2400 多个，组长由党委或者政府主要领导担任的占 82%；成立联席会议 2400 多个，召集人由党委或者政府主要领导担任的占 47%。如图 5.6。

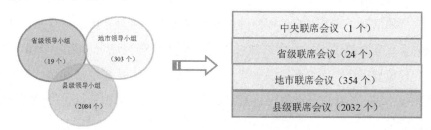

图 5.6 政府责任审计组织保障情况

从形式上，防范联席会议制度加强了问题的解决力度，但是不是能够杜绝各方对审计结果或者责任的干扰，或者是不是能够维护政府利益？如果联席制度进行了有效设计，那么其实际效果如何？"打虎"和"灭蝇"的过程中，国家审计的联席会议并非万能，其缺点在于各方利益均受制于政府的单一领导，容易产生政府责任信息的规避。

此外，联席会议本身好像是具有极高的权威性，而且能够力促一些"扯皮问题"的落实，但联席频次、领域和范围都有很大的不足，并且能否建立根本的维护国家和公共利益的常态机制，是最关键的问题。因此，联席会议本身需要信息公开机制、网络信息查阅机制以及公众的复议机制和国家职能部门的追责机制的建立，只有让联席会议真正在阳光下进行，其常态性和推动性才会长远，国家审计结果的落实才会真正有保障。

最后，联席会议是当前体制下，厘清责任的一种方式，但并不是根本性的，需要更加关注法制的作用，突出法律和制度的严肃性，让决策与考评依据的是法制化的方法而不是权力的影响力。

6. 审计资源配置尚没有实现高效化

从责任考核与追究的角度看，审计公告中涉及的内容比较复杂，但不能够因此而降低公众需求信息和审计内容的针对性。审计对象、审计范畴、审计标准、审计结果均需要各方资源的有利配置。比如，让公众或者部门如何正确理解审计公告的关键是针对审计问题的准确定量和定性？任何责任人均会存在制度规定下的业绩和不足表现，政府责任审计必须能够提供其作为好的干部或者差的干部的依据。除了与相关部门的沟通和法定程度之外，国家应从更高角度推进以下五方面的工作。①促进领导干部守法守纪守规尽责；②为干部考核、评价和任免被审计领导干部提供重要参考依据；③让审计在预防和惩治腐败中发挥积极作用；④让审计有效促进经济社会科学发展；⑤积极推进推动体制机制制度完善。

然而，实践中国家责任审计存在以下资源配置不适当的问题。

一是经济责任审计对象没有实现全面覆盖。对地级市委书记的审计刚刚起步，对副省级城市市委书记的审计正在试点，对省委书记的审计还未进行试点，部门和单位内部管理领导干部经济责任审计尚未全面展开。

二是操作层面的审计规范化建设还不能满足审计需求。计划管理方面，计划性不强、临时追加项目较多的现象仍然存在；组织方式方面，一些地方仍然以离任审计为主，审计实效性不强。审计内容与评价标准方面，尚未在全国范围内建立起规范统一并得到普遍公认的经济责任审计评价体系；审计结果运用方面，问责机制或责任追究制度亟待落实等。

三是审计能力与审计需求之间的矛盾依然突出。经济责任审计工作量平均占到全部审计工作量的40%以上，但是专职审计人员占全部审计人员的比例仅为15%，审计任务重与审计力量不足的矛盾比较突出。

四是审计资源尚未有效整合。从审计工作的角度来看，上下级之间、内部管理部门之间的统筹管理和协调还存在差距；从项目管理的角度来看，对不同项目的审计资源的整合还不到位，审计结果尚未进行有效整合利用等。

第三节 我国审计目标实现机制的经验借鉴与总结

一、完善政府责任审计目标的制定

以省长经济责任审计为例：2002 年首次开展省长经济责任审计，将省本级财政收支情况作为主要审计内容。2004 年的审计以省长的财政责任为主线，以重大投资决策为突破点，检查了重大投资、国有资产转让、土地管理等情况。2005 年，将环境保护、政府债务、执行国家产业政策纳入审计范围。

责任审计目标的制定可以采用历史参照法、地区平均水平法、理论值法和其他方法。中外的经验表明，各国在审计推动国家治理的过程中，不断依据执政理念完善和修正目标，并试图推进目标的落实责任和激励机制。一是自上而下实施目标的分化和实现。例如，我国云南省（中国审计，2013（15）：15）的典型做法包括实施"一拖 N"审计、联合进点制度、"五级审理"制度。二是自下而上实现高层目标，体现基层需求。随着各国经济文化的发展，从公共治理角度不断推动政治变革是世界普遍潮流。国家审计如何实现维护公共利益和国家安全，必须要有公众一定程度和科学的参与机制。例如，习近平主席强调建立决策过程中与群众的"广泛商量"，成为审计今后改革的又一次重要机遇。

需要注意的是，主要的目标问题与障碍来自更深层次改革需要下的法律与制度的执行效果。一是需要体现人性化和合理化的制度建设，增进基层制度的通畅和便利，需要责任审计增进对制度的评估和考核。二是制度责任的考核与评估必须与法制建设制度同步，而不能够仅仅依靠政府自身的监督。主要是考虑到政府责任多元化背景下，需要规避制度引发的社会风险以及政府对社会管理的制度盲区风险。

二、拓展目标实现的参与机制

从中外政府改革来看，国家治理目标的多元化内涵不断深化，公共管理需求的多元趋势已经形成。基本目标和具体目标都应充分针对本国或本土人文特点以及公共利益的需求，因此，目标实现机制的公众参与特点日益明显。但这一参与程度在各国的体现并不是单纯的参与，而是建立在高规格的政治制度基础或者科学的决策基础之上的。

在我国，随着政府责任多元化趋势的形成，政府责任审计将面临更多新任务和社会审计信息需求。例如，围绕政府责任审计计划和管理应首先考虑"联席制度"中的不足，杜绝影响审计独立性的行为的出现。建议形成人民代表大会专业委员会，解决审计"联席制度"的法律地位问题。同时，考虑公众的参与与公告制度，更多引入媒体、利益各方和公众的监督或者听证，将能够更好地发挥"联席制度"优势。将社会管理权真正回归社会，助推阳光政治。此外，需要关注保护"联席制度"中证据提供和信息共享优势，建议建立网络共享和社会信息公开查询制度，以此增强政府部门工作动力以促进其信息建设的完善，并接受社会绩效考核。

三、推动责任目标的落实

目标的落实具有经济和政治两个层面。责任落实本质上是科学、客观基础上的目标推动。在我国，经济责任审计强调对干部的责任，执行上更关注"一把手责任"。虽然能够在某种程度上推进一把手的管理职责履行、制度管理的推进以及政策的落实，但也出现了避责的"怠工"心理，助长了不作为与推诿现象的出现；"一把手"的人格与管理思想缺陷也将直接影响到具体责任制度效果的体现，也因其复杂的责任担当与社会关系，"一把手"难以靠一己之力去完成；领导干部考核方式中的"短期政绩观"应得到遏制。

责任审计应促进"一把手"决策机制、责任追究机制和考核机制的完善，增进集体决策和民主决策的制度建设支持；科学制定政府责任的绩效考核体系和健全考核的范围与内容。我国当前的政府责任审计仍然不能够满足当前的社会信息供给需求、社会可持续发展的需求、制度保障与执行建设需求。

四、攻克目标考评的障碍

目标的实现程度是政府责任审计量化和定性考评结果的技术难关。各国的做法虽有不同，但基本上重视政府绩效指标对考评的作用，我国显然在执行经验和操作上落后于西方。主要表现为，评价的范围与广度仍然体现出单一化，即针对主要领导者进行责任审计。其中，涉及单位重大利益以及地区重大发展的审计，公开透明程度不够；仅针对某些人的职责范围进行审计，出现了忽略职责范围的合理性、涉及资金与制度的边缘化、干扰审计独立性等问题。同时我国并没有形成统一的审计目标实现效果评价体系，口径不一、任意性大、质量规格多等难以全面推动责任审计工作。随着政府责任的多元化，责任审计的目标实现机制较为落后，比如，公众重大民生领域缺乏合理的内容、范围以及评价方法的有效结合。

以国有企业为例，目前的绩效评价体系与责任考核机制缺乏统一标准与体系，包括评价指标、评价方法和评价技术。因为不同行业的国有企业可能涉及经济效益、不同的社会效益和政治效益，很难简单地统一。一个完善的评价，应当体现出资源利用、管理活动、社会效益和生态效益等的统一要求和基本标准。同时，绩效评价的内容与基础对深化审计监督评价"给力"不足，表现为国有企业绩效评价多为经济责任审计或财政财务收支审计的副产品、提供财务数据和非财务数据的储备和共享不完整等。

五、公开审计的结果

各国的国家审计改革较为一致地重视了审计结果的公开，主要是满足国家治理的需求。这也是我国今后在审计领域应重视的重要问题。审计公告的形式、审计公告的内容、审计公告的对象、审计公告信息的服务、审计公告结果的运用和执行，是建设审计结果公开、透明制度必然考虑的环节。审计公告的结果如果只运用到对领导干部的考核，而未涉及审计结果和考核方案的合理性，将会误导使用者，甚至造成对领导干部的短期避责行为，因为审计公告制度的漏洞、审计公告结果的考核、审计结果的运用并未同时得到追踪体现，会成为部分涉案人员的潜在避责机会。

公开审计结果是政府信息公开制度建设的一部分，政府信息公开的力度不足是不争的事实。以2008—2013年为例，按照《中华人民共和国政府信息公开条例》要求，审计署坚持和完善审计结果公告制度，探索建立特定审计事项阶段性审计情况公告、重大案件查处结果公告制度，关注舆情民意，加大新闻发布力度，努力把审计监督与社会舆论监督结合起来，不断提高审计工作的开放性和透明度，推进审计机关的政务公开，具体内容如表5.2所示。

表 5.2 审计署 2008—2013 年度政府信息公开情况一览表

年度	公开的工作内容	政府信息公开的问题	主要对策
2008	公开政府信息127条，主要是涉及人民群众切身利益和需要社会广泛知晓的信息：审计署职能及机构设置类信息3条，占公开信息总数的2.36%；与审计工作有关的法律、法规、规章及其他规范性文件类信息26条，占公开信息总数的20.47%；审计工作发展规划及重要会议类信息12条，占公开信息总数的9.45%；审计业务工作类信息50条，占公开信息总数的39.37%；审计行政管理类信息34条，占公开信息总数的26.77%；其他类信息2条，占公开信息总数1.57%	主要存在两个方面的问题：一是具体承办人员对政府信息公开工作相关要求和规定的学习有待进一步加强；二是政府信息公开工作的规范化有待进一步提高	一是加强学习和培训；二是充实政府信息公开内容；三是搞好对审计系统政府信息公开工作的指导

年度	公开的工作内容	政府信息公开的问题	主要对策
2009	未向申请人收取任何费用；在办理政府信息公开申请事项中，未发生向审计署申请行政复议和对审计署提起行政诉讼的情况	主要有两个方面的不足：一是对公开信息属性的确定标准还不够统一；二是对公开工作的检查、通报、考评等工作还有待加强	（1）不断规范审计结果公告制度，加大审计计划和过程公开的力度，有计划、有针对性地组织媒体对社会关注的重大审计项目进行跟踪采访；（2）逐步规范信息公开管理和审核工作，确保能够按规定及时公开审计信息；（3）组织对署各单位开展政务公开工作情况进行检查，查找和分析不足，并通报检查结果，逐步形成定期检查和通报制度，切实促进信息公开工作规范有序进行
2010	（1）加强组织领导，完善监督检查；（2）围绕审计工作中心，加大审计结果公告和新闻发布力度，全年共在主要媒体刊发审计宣传稿件 4000 多篇（次），各网站转载审计稿件 3 万多条，公开内容不断丰富；（3）积极尝试公开审计过程，及时反映审计工作进展情况，还邀请民主党派和无党派人士担任特约审计员，定期向特约审计员通报审计工作有关情况；（4）加强门户网站建设，努力提高公开的及时性和有效性；（5）在严守国家有关保密规定的基础上，妥善办理依申请公开事项；（6）关注网络民意，密切跟踪舆情	主要表现在两个方面：一是对新形势下政务公开工作的深入研究不够，还不能很好地抓住公众需求和审计信息公开的结合点；二是对公开信息属性的确定标准还不够统一	（1）继续扩大政务公开的范围，加大审计结果公告力度和媒体对社会关注的重大审计项目进行跟踪采访，不断提高审计公开的范围和时效；（2）不断加大新闻发布力度；（3）进一步加强署门户网站建设，重点完善网站的"发布信息、公开政务、解读法规、在线服务、互动交流和接受监督"等功能

续表

年度	公开的工作内容	政府信息公开的问题	主要对策
2011	（1）通过门户网站公开信息力度不断加大：按照政务公开要求，全年共发布审计机关动态类信息 10000 多条，发布涉及审计工作重大部署的政务类信息 43 条，同时，网站举报平台受理了大量举报信息，积极为审计工作提供举报线索； （2）审计结果公告制度进一步完善：全年共发布审计结果公告 39 期，比 2010 年增加 15 期，并向全国人大、政协、中央国家机关、地方政府、审计系统以及国家档案馆、国家图书馆及国外审计同行等赠阅。在网上发布的同时，还就相关情况事先起草答记者问稿件，对焦点、敏感问题做出解释和说明，以帮助公众正确解读审计结果公告内容； （3）新闻发布工作逐步深化	—	（1）切实加强主动公开工作；（2）加大新闻发布力度； （3）进一步加强门户网站建设，以"促进公开、服务公众"为目的，进一步优化审计署门户网站栏目设置
2012	（1）加强组织协调，保障政府信息公开工作规范有序推进；（2）拓展渠道方式，加大政府信息主动公开力度：一是加大网站信息发布力度，全年共发布各类审计信息 7000 多条；二是提高新闻发布水平；三是积极回应舆论关切； （3）坚持依法办事，认真受理政府信息依申请公开事项：2012 年，审计署收到政府信息公开申请 21 例，涉及审计结果公告内容 4 例，其他方面 17 例，全部按规定受理和答复		一是进一步加强主动公开工作；二是加大网上信息发布力度；三是切实改进依申请公开答复方式； 认真研究政府信息依申请公开工作中存在的问题，在保证答复内容准确、全面、及时的基础上，进一步改进答复方式，努力使答复内容通俗易懂、答复方式便于申请人接受，更好地适应公众需要

年度	公开的工作内容	政府信息公开的问题	主要对策
2013	（1）强化制度建设，为政府信息公开工作提供有力保障；（2）加大推进力度，不断提高政府信息公开水平：一是加大主动公开力度，增设6个信息公开专题专栏，开展图文直播和在线访谈9次等；二是有效公告审计结果：全年共发布审计结果公告32期，改进对审计后整改情况的公告，在公告10家中央企业及3家银行的审计结果时，由涉及的被审计单位同时公告整改情况，形成良好效果；三是深化重大活动信息公开；（3）坚持依法依规，认真做好政府信息依申请工作：2013年，审计署受理依申请公开事项48例，涉及审计结果公告内容的29例，其他方面19例	特别是由于审计工作的特殊性及审计信息的专业性，审计信息的可读性和通俗化还有待加强，相关信息的深入解读等工作也有待加强	一是加强对信息公开工作人员的专业培训；二是完善和加强新闻发言人制度建设；三是加强门户网站建设，充分发挥网站在信息公开中的平台作用；四是加强依申请公开工作，及时总结经验，深入研究探索，更好地满足公众需求

资料来源：审计署官网。

由表5.2可见，审计部门的自身信息公开的内容较为笼统，对审计信息公开的途径具有选择性，公开的信息数量不充分，对存在问题的原因把握不充分。

需要关注的是，信息公开程度不足也影响到审计效果。目前我国审计信息化的共享机制并没有形成，虽然形式上"联席会议"能够对重大事件进行沟通，并且其内部具有信息交流机制，但涉及更宽领域、更深层部门间的信息调取、合作、责任并没有理顺，尤其是公安、司法以及案件交接的后续管理信息，缺乏沟通与信息技术支持，形成了执行与处理的弱化以及暗箱。同时，也形成了一种缺乏监管下的工作人员"懈怠"现象，缺乏长效性的动力——如涉及的案件的处罚统一口径问题（不能因人而异）、统一程度与计划（不能忽视期限、效力、责任的划分）、统一的信息公开规定（不能够缺乏公众、媒体等的监督）、统一的部门分工职责与联席办公制度（不能够没有协调、配合、共享、协查的基础）。

六、提升审计的能力

审计目标的实现需要人才，更需要创新。审计是一项需要不断创新的工作，是一项提供高规格监督、鉴证和建议的工作。既要攻坚克难，又要润物无声。一方面，我国的审计专职机构和人员的工作压力极大，随着反腐倡廉工作的深化以及国家治理需求的提高，新老审计人员均不同程度感到很难跟上当前的审计目标要求。另一方面，缺乏相应的人才补充，使队伍的后源性不强。现行制度关注了人员的量化，却大多在管理上忽视了专职人员与机构的人性化管理和培训，尤其是人员心理与工作待遇方面的问题。同时，经济责任专职机构的建立存在着审计职能不清的问题，比如，经济责任机构关注传统上的财政财务审计，但对多元化的政府责任审计则需要重视民生环境等领域的审计。而这一领域却又与农业资源环境审计有密切关系。因此，多元政府责任审计使审计机关也面临了机构调整、部门优化问题。如何将个人、集体以及目标要求有效统一是重要课题。

本章小结

公共管理理念的深化，使各国政府普遍重视责任、效率和公平原则下的新公共管理。政府需要转变管理目标、模式、方法，注重集权、合作与控制，同时，也要注重分权、合作与控制。因此，组织结构改革、激励机制建设、成本与效益评价、绩效与标准量化，是较为突出的几大问题。我国多年来进行了有益的探索，其改革趋势符合国际潮流。但由于我国的管理体系存在诸多问题，审计工作仍面临着压力，需要加强目标制定、信息公开、目标考评等诸多环节的建设。

第六章

目标视角下的政府责任审计效果研究

第一节 政府责任审计效果的实证检验

当前政府责任审计目标已经有了新的内涵和要求。但责任目标内涵的变化与现实状况的差距在何处？如何设定检验的模式以发现这些差异？这将对完善国家治理体系具有重要的指引作用。其关键性的问题有两个：首先，利用何种形式或者因素体现"效果"并进行衡量呢？其次，何种关键因素影响和形成对责任的制约呢？本文拟通过对中外文献的梳理，设计研究假设模型并通过数据进行检验。

一、文献回顾

（一）政府责任效果的体现与衡量导向

1. 政府责任效果的基本内涵。效果是某种动因或者原因产生的后果。就行为而言，是行为动机的体现和检验依据。政府责任的效果应当包含公众对政府工作成绩和工作效率的期望和满意程度，是政府素质、能力以及品质的诸多表现的综合。效果具有目标性和期望性，是具体需求得到满足的程度表达。它既是国家资源投入—输出—结果—影响的系统内在过程，也是政府部门职责（现实问题）—组织绩效（政府能力）—公众满意（利益相关者）的横向外在过程。政府责任效果应当体现综合利益相关者的满意、关键议题的解决和政府管理能力三个基本因素。即效果应当具有维度性和要素性，横纵体系维度与详略要素维度是效果的基本框架。

效果应当是对客体对象化后的衡量体现，是目标符合程度的表述。本书所指客体为政府责任，客体对象化涉及客体效果衡量的维度、内容和标准，涉及经济责任、社会责任以及政治责任等领域，复杂程度较高。就维度与内容而言，受托责任观认为，政府责任通常包括受托财务责任、效率受托责任和效果受托责任三个维度（J. Cutt, 1978），也有学者认为政府受托责任包括财务受托责任、公平受托责任和绩效受托责任三个维度（Behn, 2001）。现行的国际说法通常将受托责任划分为更广泛的五个维度，即体现经济性、效率性、效果性、公平性和环保性。因此，效果应具有对客体特征的涵盖性，并体现出其内涵的实质性。本文选择效果的三个基本维度，并兼容了效果的创新，即除经济性效果外，效率（含公平性）是体现政府能力的量的指标，效果应含有经济性、公平性和效率性之意，公平性（含环保性）是政府责任履行的质的指标。既有经济性，又有效率性和公平性，才会有好的、可持续性的效果。由于政府管理的职责性，效果又称为绩效，即本文对效果和绩效并不做具体区分①。

2. 效果衡量的基本标准。效果与客体间的关系具有现行中外文献中，有关责任效果衡量模式千姿百态、形式多样的表现。已经形成了岗位责任制、社会服务承诺、效能监察、效能建设等各种形式的考核方式（尚虎平，2008）。但现存的绩效评估大部分仍然是政府自己为自己"出题"，绩效评估的维度基本分为政治维度、经济维度、社会维度和文化维度，并无顾客维度的字样，并未从根本上把顾客作为绩效评估系统中的一个维度（宋红燕，2012）。服务型政府业绩衡量的主要表现是将公共利益作为重要的标准，戴维·奥斯本和特德·盖布勒提出："对一个组织来说顾客是最重要的人；那些直接为顾客服务的人位居其

---

① 王透明和向荣（2013）认为，绩效具有丰富的内涵，包括效率、效益、产出、行为、责任、回应、公平、顾客满意度等，将绩效用于衡量政府行为和效果，就是绩效评价。

次；而管理部门则是为那些为顾客服务的人们服务的。""顾客"作为公共组织服务对象的一种隐喻，在不同的语境中代表着不同的利益主体，人民群众就是中国政府部门的外部顾客（Michael Allison & Jude Kaye，1977）。因此，"顾客导向"更符合当前的潮流与理念（尚虎平，2012），但由于"顾客"本身的专业局限，最佳发展模式应当为政府、顾客以及客观事实的平衡。

（二）政府责任效果衡量的基本要素与关系

为了建立效果衡量模型以及体现衡量关系，需要进一步设计操作性强的责任效果的基本要素。

夏东民（2012）认为绩效是能力与职责有机结合的产物，工作的绩效就是岗位职责、工作能力和环境因素三者之交集，如图6.1。以能力与职责圆为例，其交叉部分是与职责对应的能力或组织成员所能够胜任的职责，即通常所说的绩效。两圆圆心之间的距离称为"职能距"，显然，它是组织成员工作责任心或工作态度的度量。职能距越小，标志着责任心越强，二圆的交叉面积就越大，即工作的绩效越显著。此外，图中所述关系包括了四个基本因素：一是政府管理能力；二是政府职责；三是政府责任环境；四是职能距。

图6.1　绩效模型

滕玉成和俞宪忠（2010）认为，政府绩效要受到多种因素的影响。政府绩效的模型可以表示为：政府绩效 = f（政府能力，执政环境，执政动因），其中，执政环境是客观性因素，执政能力与执政动因是主观性因素。具体而言，执政环境是政府能力发挥作用的环境（包括资源）；执政动因是政府能力发挥作用的主观因素，以政府的价值取向、政府目标等表现出来；执政环境和执政动因都是只有通过政府能力才能影响政府绩效。

效果的体系维度和要素维度具有与客体间的对应性，综合上述观点，本书认为，政府责任效果是建立在"政府能力"和"基本职责"之上的，当"能力"强时，"职责"履行会更到位；如果"职责"超越了"能力"就会有出现相反结果的可能。效果好与坏的"可能"，受到"环境"的约束，环境约束力强，则会进一步促进"能力"与"职责"结合。不过，能力、职责以及环境需要共同的价值理念或制度的支撑，形成内在既定的机制与动因，制度的作用效果越好，动因性越明确，"职能距"会越小，效果越好。因此，政府责任效果应当是政府能力、政府职责、责任环境、制度约束的综合结果。其基本内容如表6.1。

表6.1　政府责任效果基本要素与具体内容

基本因素	因素含义	具体内容	参考文献
政府能力	政府从事某项行政活动时所具备的内部条件和内在可能性，是政府在实现自己职能、从事某项活动过程中所拥有的资源和能量	公共管理理论认为，政府能力主要包括资源获取能力、资源整合能力、资源配置能力和资源运用能力，在我国，主要表现在组织能力和人事能力	张钢、徐贤春，任晓春，2010
政府职责	为了在某个关键成果领域取得成果而完成的系列任务的集合，它常常用任职者的行动加上行动的目标来加以表达	常常用任职者的行动加上行动的目标来加以表达。在绩效产生过程中，职责所起的作用集中表现在权、责两方面	夏东民、田晓明，2013
制度环境	一系列与政治、经济和文化有关的法律、法规和习俗	包括地区经济发展、法律环境、区域因素以及财政支出规模等	赵彩霞、张立民、曹丽，2010

续表

基本因素	因素含义	具体内容	参考文献
责任制度	确保机关各项工作高效运转，提高工作实效，改进工作作风，将工作纳入规范化管理，达到优质、务实的良好氛围形成的制度	包括政府信息公开制、责任追究制、政府绩效评估体系以及公民参与责任维护的制度。涉及法律法规、责任管理机制和配套制度建设三个层次	刘春晓，2007

审计机关的基本职责是对政府履行责任的财政资金的真实、合法和效益情况进行审计监督。审计效果是基于客体对象的反映，是对政府责任的口径一致性的体现。本文将审计效果按审计能力、审计职责、审计环境以及审计制度四个基本要素体系进行设计。

二、研究假设与检验模型

（一）研究假设

假设1：现有职责和能力能够显著正向推动责任效果且职责与能力相适应（正比例关系）。

在职责中，权力和责任是其构成的两个基本要素。在既定范围内，能力与职责的适应，有利于审计效果的控制和质量保障，两者会出现正向关系。当责任大于能力或者权力大于能力，将对效果产生一定程度的负面的影响，两者形成的"合力"或交集产生的效果就会有不同的走向。同时，职责具有相对静态（固定工作职责）和动态（创新工作职责）的状态。一般情况下，能力越强固定工作职责越能够得到履行，工作效果越好。但环境变化条件下，需求满足需要创新职责履行的内涵，工作能力就会满足不了职责的发展，效果就会越差。此时，如果没有及时的激励措施，效果会更差。

假设2：现有制度或环境能够显著促进审计效果的提升

效果的实现需要良好的氛围与充足的制度保障。关键的问题在于制度的建设是否具有合理性和针对性，是否能够持续地得到改进和加强。随着我国监督体系的完善，已经生成的制度性文件基本形成体系。一般情况下，当公众监督环境氛围较好时，制度的正向作用会增大，效果会更好。反之，则相反。

假设3：审计范围的确定合理且产生了积极显著的效果。

效果的显著性与国家审计合理的确定审计范围的能力息息相关，在有限的审计资源下和不断扩大的责任需求中，审计机关能否准确把握社会矛盾并能够对其进行合理的监督评价，具有相当大的挑战性。我国政府审计经过30多年的发展，不断完善这一领域的调整，但当前环境下，其效果是否达到预期仍具有不确定性。

（二）样本来源

本文选取2003—2012年间的审计效果相关的数据，考虑到目前资料获取渠道与方式的限制，以我国的审计总体情况进行研究。主要数据与资料来源于审计署官网（http：//www. audit. gov. cn/）、国家统计局官网（http：//www. stats. gov. cn/）、财政部官网（http：//www. mof. gov. cn/）以及2003—2012各年度审计长的全国审计工作报告数据。其中涉及责任审计工作数据通过相应网络调查、部门访问以及信息公开获得。

（三）变量设计与检验模型

1. 变量设计

（1）审计效果。刘光（2013）建议把绩效目标结构确定为：工作胜任力；服务与管理；学习与发展；改进与创新。本书以审计服务的客户导向为主，引入公众关注的公平程度和审计结果两个因素。审计结果体现在对涉案金额和涉案人员的描述，可以用"处理金额"和"处理人数"表达。不过，考虑到"处理人数"与公平度间不能够简单修正，并且涉案人员一般体现出对责任人的约束与威慑，本文将"处理人数"作为自变量"职责环境指标"对待（见后文），将"处理金额"作为结果指标。同时，将"处理金额"用公平程度进行修正。其中公平程度多体现为法律公平性和执行力，本文以"市场中介组织的发育和法律制度环境"进行替代，见表6.2。

表 6.2 政府责任处理金额与处理人数及计算

审计年度	处理金额（万元）	公平程度（指数）
2003	1966.65	2.39
2004	1977.6	2.53
2005	3162.68	2.22
2006	3650.01	2.34
2007	3012.39	2.51
2008	3176.26	5.31
2009	3462.72	5.31
2010	6939.89	5.31
2011	10329.98	5.62
2012	23652.39	5.62

资料来源：处理金额与处理人数为审计署相关网站；公平程度为樊纲、王小鲁的《中国市场化指数》（2006 版和 2010 版），考虑到制度的影响滞后性，将各年数据延后一期。2011、2012 年度为历年均值基础上的推算值。

（2）审计能力。审计能力多体现为参与责任审计的人员数量和审计机构数量，或者各年度审计人员与机构的经费支出金额，以体现审计资源配置的程度。但考虑到历年责任审计资源量的波动性和项目人数的不确定性以及现实数据中没有统一的、详细的官方记载，故本书采用了各年度的决算中的审计业务经费支出和审计管理经费两项总和进行替代。根据审计署《部门预算》和《部门决算》中的规定，项目经费支出是审计署为履行法定职责，实施审计和完成特定的行政工作任务、事业发展目标而安排的项目支出，包括审计业务经费、审计管理经费①、一般行政管理事务支出三项内容。一般性行政管理事务支出主要是"金审工程"运行及维护、国际审计组织培训研讨会、办公用房和设备维护修缮、设备更新购置、派出审计局取消公务用车后的交通补贴等方面的支出，

---

① 审计管理经费主要是审计法制建设、审计业务质量控制、审计结果公告、审计新闻宣传等方面安排的支出。

属于间接费用，故扣除，见表6.3。

表6.3　政府责任审计能力及计算

审计年度	审计业务经费（万元）	审计管理经费（万元）	审计业务支出合计金额（万元）
2003	—	—	14132.71
2004	—	—	15263.33
2005	—	—	16484.39
2006	—	—	17803.14
2007	16 695.74	2 531.66	19227.4
2008	16 728.2	3 277.32	20005.52
2009	19 221.45	6 003.89	25225.34
2010	19 371.14	5680.03	25051.17
2011	24015	7207.73	31222.73
2012	22115.24	8922.48	31037.72

注：根据审计署年度预算执行情况统计，其中各项数据分别来自"审计事务（20108）"项目的预算执行数。2007—2012年度数据来源于审计署官网的年度预算和决算报告。2003—2006年度数据由2007—2012年度数据的平均增长率推算而得。

（3）审计职责。本书围绕《审计法》对审计职责范围来进行主要设定，以2003—2012年度审计长的《在全国审计工作会议上的讲话》为依据，以体现出各年度审计工作的重点范围与工作重点，范围有横向大小和纵向层次高低之分，借此突出每年审计职责范围的变化与不同。确定历年重点审计领域数量、省级领导干部数量、审计领导干部总数、国有企业数量以及报告中提及的突出问题，作为审计范围的替代变量。其中"审计领导干部总人数"和"国有企业数"为范围的横向总体指标；"审计重点领域数"和"省级领导干部人数"为审计范围的纵向层次总体指标；"治理重点数量"为审计范围的中心指标，见表6.4。

表 6.4　2003—2012 年度审计职责重点范围与内容指标

年度	审计重点领域数（个）	审计领导干部总人数（人）	省级人数	央企数量（个）	治理重点数量（个）	备注
2003	5	36773	0	9	2	县市长审计
2004	4	33737	2	10	2	10 家企业
2005	6	34889	2	53	4	扩大到地厅
2006	7	35588	3	13	2	审计法修订
2007	6	36429	0	12	4	农村级 100%，机构创新
2008	6	34389	4	8	3	调整职责范围
2009	5	33009	14	13	3	问责制度
2010	3	36980	23	15	3	审计署自查
2011	5	39696	23	10	3	首次提出"中央预算管理完整性"问题
2012	12	38416	23	15	5	资源生态等

（4）审计环境。审计环境的营造将有利于审计效果的加强[①]，一方面审计机关应体现内部主动式的制度建议，促进审计效果的加强；另一方面审计机关也要在公众的外界监督之下提高制度效果。本书选择"审计公告次数"和"处理人数"作为审计监督的外部环境，选择"审计制度建议数"作为审计监督的内部环境。两者同时反映出审计需要满足外部环境下的微观反应能力，见表6.5。

[①]　制度环境是指一系列与政治、经济和文化有关的法律、法规和习俗；是人们在长期交往中自发形成并被人们无意识接受的行为规范；是可供人们选择制度安排的范围使人们通过选择制度安排来追求自身利益的增进受到特定的限制。它具有相对稳定的特点。

表 6.5 2003—2012 年度审计职责制度环境指标

年度	审计制度建议数（件）	审计公告数（个）	处理人数（人）	备注
2003	3671	793	1066	县市长审计
2004	2973	522	680	10 家企业
2005	7280	796	384	扩大到地厅
2006	156571	1300	1373	审计法修订
2007	180946	2700	2657	农村级 100%，机构创新
2008	203109	3140	601	调整职责范围
2009	227775	4131	625	问责制度
2010	250000	7664	731	审计署自查
2011	158100	6600	621	首次提出"中央预算管理完整性"问题
2012	220000	5000	407	资源生态等

（5）审计制度。责任制度的建设或落实将直接关系到审计的效果，本文选用了定性和定量结合描述的方法，一是选择本年度是否进行了责任制度的重大改革，二是选择本年度实施的重大责任制度数量进行衡量，见表 6.6。

表 6.6 2003—2012 年度审计职责距指标

年度	存在职能调整的制度数量（个）	当年度的制度数量（个）	备注
2003	1	79	县市长审计
2004	0	4	
2005	1	0	扩大到地厅
2006	1	2	审计法修订
2007	1	0	农村级 100%，机构创新
2008	1	1	调整职责范围
2009	1	0	问责制度
2010	1	3	审计署自查

续表

年度	存在职能调整的 制度数量（个）	当年度的制度数量 （个）	备注
2011	0	0	首次提出"中央预算管理完整性"问题
2012	0	0	资源生态等

资料来源：审计署网站

上述总体情况，详见表6.7。

表6.7 审计责任效果因素指标与变量设计

类型	变量 符号	预计 符号	变量含义及描述	参考作者
被解释 变量	$ZRXG_i$		表示第 i 年的政府责任审计效果，用责任审计涉及的金额变量以及审计公平程度变量表示	刘光 （2013）
解释 变量	$ZFNL_i$	+	表示第 i 年审计机关审计人员数或机构数量，本文用审计事务经费进行替代	李江涛、苗连琦、梁耀辉，2011
	$ZZFW_i$	+	表示职责变量，围绕责任审计范围设计，本变量主要表示第 i 年审计范围内的领域数量或大小；本文设计了横向指标、纵向指标和中心指标反映范围，包括"审计领导干部总人数"和"国有企业数""审计重点领域数"和"省级领导干部人数""治理重点数量"	—
	$ZZHJ_i$	+	表示制度环境变量，因为服务型政府角色的变化，此变量表示信息透明与监督程度，如第 i 年审计对外公告数量；第 i 年审计对内制度建议数及处理人数	—
	$ZRZD_i$	+	表示职能距变量或责任制度变量，即体现责任制度的宽紧对责任效果的影响，此变量用责任审计制度数量表示	—

注：①$ZRXG_i$：第 i 年的政府责任审计效果；②$ZFNL_i$：第 i 年审计机关审计人员数或机构数量；③$ZZFW_i$：职责变量；④$ZZHJ_i$：制度环境变量；⑤$ZRZD_i$：职能距变量或责任制度变量。

2. 检验模型。依据全文分析，并参考赵彩霞、张立民、曹丽（2010）的做法，本书设计如下检验基本模型。

$$ZRXG_i = \alpha_0 + \alpha_1 ZRNL_i + \alpha_2 ZRFW_i + \alpha_3 ZRHJ_i + \alpha_4 ZRZD_i + \varepsilon$$

考虑到相应变量的影响，本书将某些变量设计一定的维度，借以体现其影响的空间性。

三、实证结果与分析

（一）因素分析

为了寻求变量间的内部相关性以及潜在的共同因素，本书运用 SPSS16.0 进行了因素分析。KMO and Bartlett's Test 结果如表 6.8 所示。

表 6.8　KMO 和 Bartlett 球形检验

Kaiser – Meyer – Olkin Measure of Sampling Adequacy（取样足够度的 KMO 度量）.		0.485
Bartlett's Test of Sphericity（Bartlett 球形检验）	Approx. Chi – Square（近似卡方）	52.463
	df	28
	Sig.	0.003

当 KMO 值越大表示变量间的共同因素越多，越适合因素分析。如果 KMO 值大于 0.8 为很好，大于 0.7 为一般，小于 0.5 为较弱。本文中的 KMO 值为 0.485，仅以该指标判断，因素分析并不理想，但按照林震岩（2007）的解释，这可能与本文的研究变量较少有关。Bartlett's 球形检验用来判断数据是否是多变量正态分布，同时检验相关系数矩阵是否适合因素分析。Chi – Square 计算值为 52.463，自由度 28，sig. 值为 0.003，达到 1% 的显著性水平。因此，总体的相关矩阵间有共同因素存在，适合做因素分析。此外，通过共同性分析结果，也显示数据适合进行因素分析。

表 6.9 特征值与解释变异量结果显示，三个成分因素的解释变异量分别为 44.923%、23.092% 和 13.890%，累计解释变异量为 81.905%。特征值大于 1 的共同因素有 3 个。第一个特征值的解释变异变量为 44.923%，第二个特征值

的解释变异变量为23.092%，第三个特征值的解释变异变量为13.890%，累计的解释变异量为81.905%。

表6.9 总方差解释变异量（Total Variance Explained）

Component（成份）	Initial Eigenvalues（初始特征值）			Extraction Sums of Squared Loadings（提取平方和载入）			Rotation Sums of Squared Loadings（载荷平方的旋转和）		
	Total（合计）	% of Variance（方差的%）	Cumulative %（累积%）	Total（合计）	% of Variance（方差的%）	Cumulative %（累积%）	Total（合计）	% of Variance（方差的%）	Cumulative %（累积%）
1	3.594	44.923	44.923	3.594	44.923	44.923	3.329	41.611	41.611
2	1.847	23.092	68.014	1.847	23.092	68.014	1.658	20.730	62.341
3	1.111	13.890	81.905	1.111	13.890	81.905	1.565	19.563	81.905
4	0.788	9.848	91.753						
5	0.541	6.758	98.511						
6	0.087	1.081	99.592						
7	0.017	0.218	99.810						
8	0.015	0.190	100.000						
Extraction Method：Principal Component Analysis.									

陡坡图（略）和因素矩阵（图6.2）的列示结果，八个因素中具有一定的合并属性。通过转轴后的因素矩阵（表6.10）将审计公告数（个）、审计事务总支出金额（万元）、省级人数、审计领导干部总人数等四因素归为第一要素；审计重点领域数、治理重点数量两个因素归为第二要素；将处理人数（公正）归为第三因素。"审计公告数""省级人数""审计事务总支出金额""审计领导干部总人数"四者结合，说明审计能力的发挥除考虑资源配置的深度和广度外，还应体现出层次性和透明性，即针对省级干部的高层次审计和披露审计公告数的力度将有助于配置效果和政府能力的体现。本书将第一因素命名为审计制度与能力，第二因素命名为审计职责范围，第三因素命名为审计环境。需要注意的是，央企数量因为影响有重大负面，而被排除在外，最终选择7个关键因素，其分布如表6.10所示。

表6.10　转轴后的成分矩阵

	Component（成分）		
	1	2	3
审计公告数（个）	0.956	-.112	0.196
处理人数（公正）	0.122	0.047	0.839
审计事务总支出金额（万元）	0.923	0.257	0.109
审计重点领域数	-0.071	0.920	-0.027
审计领导干部总人数（人）	0.635	0.305	0.231
省级人数	0.978	0.002	-0.032
央企数量	-0.106	0.211	-0.848
治理重点数量	0.414	0.771	-0.192

Extraction Method: Principal Component Analysis. Rotation Method: Varimax with Kaiser Normalization. a. Rotation converged in 5 iterations.

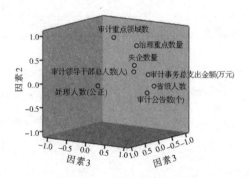

图6.2　因素分布图

（二）回归分析及结果

1. 描述性统计

描述性统计（表6.11）中审计公告数、处理金额（公正）、审计事务总支出金额（万元）等在10年间的差异较大，一是这些项目因为国家治理需要确实得到较大的投入和效果提升；二是与本书样本量数据较少有关。此外，负的峰度值表示观测值并不集中，这与标准差值大相一致。总体上，数据分布符合统计特征。

表 6.11 描述性统计（Descriptive Statistics）

项目	N Statistic（N 统计量）	Minimum Statistic（极小值）	Maximum Statistic（极大值）	Mean Statistic（为值）	Std. Deviation Statistic（标准差）	Kurtosis（峰度）	
						Statistic	Std. Error
审计公告数（个）	10	522	7664	3264.60	2542.100	-0.921	1.334
处理金额（公正）	10	4700	58054	1.96E4	17711.908	1.126	1.334
处理人数（公正）	10	852	6669	3117.15	1545.147	2.944	1.334
审计事务总支出金额（万元）	10	14132.71	31222.73	2.1545E4	6248.22019	-1.091	1.334
审计重点领域数	10	0	12	5.60	2.951	3.346	1.334
审计领导干部总人数（人）	10	33009	39696	3.60E4	2089.795	-0.478	1.334
省级人数	10	0	23	9.40	10.178	-1.752	1.334
治理重点数量	10	2	5	3.10	0.994	-0.157	1.334

Valid N（listwise）10

2. 审计效果回归分析结果

表 6.12 提供了回归分析模型特征数据。模型相关系数 R = 0.997，判定相关系数为 0.995。标准误与 DW 值 2.344。因为 R^2 相当高，整体上回归模型会达到显著水平。DW 值在合理范围内，残差间相互独立无自我相关。

表 6.12　模型指标（Model Summary）

Model（模型）	R	R Square（R 方）	Adjusted R Square（调整 R 方）	Std. Error of the Estimate（标准估计的误差）	Change Statistics（更改统计量）					Durbin – Watson
					R Square Change（R 方更改）	F Change（F 更改）	df1	df2	Sig. F Change（Sig. F 更改）	
1	0.997ª	0.995	0.977	2687.768	0.995	55.547	7	2	0.018	2.344

a. Predictors：（Constant），审计领导干部人数（人），审计重点领域数，处理人数（公正），省级人数，治理重点数量，审计事务总支出金额（万元），审计公告数（个）；b. Dependent Variable：处理金额（公正）

表 6.13　变异量分析表（ANOVAb）

	Modcl（模型）	Sum of Squares（平方和）	df	Mean Square（均方）	F	Sig.
1	Regression（回归）	2.809E9	7	4.013E8	55.547	0.018ª
	Residual（残差）	1.445E7	2	7224096.203		
	Total（总计）	2.823E9	9			

a. Predictors：（Constant），审计领导干部总人数（人），审计重点领域数，处理人数（公正），省级人数，治理重点数量，审计事务总支出金额（万元），审计公告数（个）b. Dependent Variable：处理金额（公正）

表 6.13 中，F 值为 55.547，Sig. 值为 0.018，表明这一回归模型成立，并在 5% 显著水平上具有统计学意义。即上述模型中的审计领导干部总人数（人）、审计重点领域数、处理人数（公正）、省级人数、治理重点数量、审计事务总支出金额（万元）、审计公告数（个）可以显著地解释"审计效果"。在相关系数分析表中（表 6.14），处理金额（公正）与审计公告数（0.896**）、审计事务总支出金额（0.898**）、省级人数（0.908**）以及审计领导干部总人数（0.703**）分别在 1% 和 5% 水平上呈现显著正相关。

表 6.14 相关系数表（Correlations）

		处理金额（公正）	审计公告数（个）	处理人数	审计事务总支出金额（万元）	审计重点领域数	省级人数	治理重点数量	审计领导干部总人数（人）
Pearson Correlation (Sig.(1-tailed))（皮尔逊相关性（Sig.单侧））	处理金额（公正）	1.000							
	审计公告数（个）	0.896*** (0.000)	1.000						
	处理人数（公正）	0.120 (0.371)	0.339 (0.169)	1.000					
	审计事务总支出金额（万元）	0.898*** (0.000)	0.869*** (0.001)	0.172 (0.318)	1.000				
	审计重点领域数	-0.059 (0.436)	-0.210 (0.280)	-0.163 (0.327)	0.234 (0.258)	1.000			
	省级人数	0.908*** (0.000)	0.915*** (0.000)	0.022 (0.476)	0.931*** (0.000)	-0.001 (0.498)	1.000		
	治理重点数量	0.269 (0.226)	0.335 (0.172)	0.108 (0.383)	0.519* (0.062)	0.545* (0.052)	0.369 (0.147)	1.000	
	审计领导干部总人数（人）	0.703** (0.012)	0.545* (0.052)	0.211 (0.280)	0.581** (0.039)	0.202 (0.288)	0.563* (0.045)	0.324 (0.180)	1.000

***、**、* 分别表示1%、5%、10%显著水平。

回归系数分析表显示（表 6.15），结论如下。

（1）在审计能力方面。审计公告数（Beta =.493 且 Sig. =.251）的影响呈现正向积极作用但影响不显著，而审计事务总支出金额（Beta =1.418 且 Sig. =0.034**）、审计领导干部总人数（Beta = 0.382 且 Sig. =0.031**）、省级人数（Beta = -1.015 且 Sig. =0.085*）则分别在5%和10%水平影响显著，但是省级干部人数的查处却与处理金额（公正）呈现反向变化，可能具有不公平现象影响了这一结果，需要进一步探究。假设1部分指标通过检验。

（2）审计制度环境方面处理。人数对审计金额处理的影响呈现负相关（-0.388）且 sig. =0.062*，在10%水平影响显著，说明当前审计环境（处理人员数）的优化对于处理金额具有威慑力量，审计效果已经显现。假设2得到验证。

（3）在审计范围方面。审计重点领域数、治理重点数与处理金额（公正）间的关系呈现负向关系（Beta = -0.346 和 Beta = -0.152），与预期不符，但均影响不显著（Sig. = 0.123 和 Sig. = 0.186），说明可能存在审计范围的确定不当或者存在对重点领域与突出问题界定不明等问题，而且没有产生正向的积极推动作用，这是审计机关面临的一项挑战。结合审计领导干部总人数的分析，可以认为审计注重人数范围的单一扩大的倾向比确定重点领域能带来更显著的影响，说明实际工作中审计范围确实存在弊端。假设3未通过检验。

表 6.15　回归系数分析表（Coefficients）

Model（模型）		Unstandardized Coefficients（非标准化系数）		Standardized Coefficients（标准化系数）	t	Sig.	Collinearity Statistics（共线性统计量）	
		B	Std. Error（标准误差）	Beta（试用版）			Tolerance（容差）	VIF
1	（Constant）	-144337.766	22873.264		-6.310	0.024 **		
	审计公告数（个）	3.434	2.145	0.493	1.601	0.251	0.027	37.052
	处理人数	-4.447	1.157	-0.388	-3.843	0.062 *	0.251	3.981
	审计事务总支出金额（万元）	4.021	0.766	1.418	5.249	0.034 **	0.035	28.539
	审计重点领域数	-2077.308	804.300	-0.346	-2.583	0.123	0.142	7.021
	省级人数	-1765.908	550.420	-1.015	-3.208	0.085 *	0.026	39.103
	治理重点数量	-2701.904	1364.641	-0.152	-1.980	0.186	0.436	2.294
	审计领导干部总人数（人）	3.239	0.581	0.382	5.573	0.031 **	0.544	1.838

a. Dependent Variable：处理金额（公正）；*** 、** 、* 分别表示1%、5%、10% 显著水平。

综合而言，上述回归系数表及检验结果表明，常数项 -144337.766，审计效果议程可以表达为：

$$Y = -144337.766 - 4.447X_{CLRS} + 4.021X_{SJZC} - 2077.308X_{ZDLY} - 1765.908X_{SJRS} - 2701.904X_{ZLZD} + 3.239X_{LDGB}.$$

其中，常数项、审计事务总支出金额（万元）和审计领导干部总人数（人）在0.05水平上显著。处理人数（公正）、省级人数在0.10水平上显著，系数分别为.062*和.085*。模型符合统计要求。

表 6.16　共线性诊断表（Collinearity Diagnostics）

Model（模型）I	Dimension（维数）	Eigen value（特征值）	Condition Index（条件索引）	Variance Proportions（方差比例）							
				（Constant）（常量）	审计公告数（个）	处理人数（公正）	审计事务总支出金额（万元）	审计重点领域数	省级人数	治理重点数量	审计领导干部总人数（人）
1	1	6.984	1.000	0.00	0.00	0.00	0.00	0.00	0.00	0.00	0.00
	2	0.639	3.305	0.00	0.00	0.00	0.00	0.01	0.01	0.00	0.00
	3	0.249	5.295	0.00	0.00	0.09	0.00	0.04	0.00	0.00	0.00
	4	0.081	9.290	0.00	0.00	0.13	0.00	0.08	0.00	0.01	0.00
	5	0.037	13.673	0.00	0.00	0.03	0.00	0.08	0.01	0.76	0.00
	6	0.006	34.669	0.00	0.89	0.64	0.00	0.26	0.65	0.20	0.00
	7	0.003	50.970	0.00	0.04	0.03	0.66	0.24	0.17	0.00	0.13
	8	0.001	99.363	0.99	0.05	0.06	0.34	0.30	0.15	0.02	0.87

a. Dependent Variable：处理金额（公正）

表 6.16 中，特征值与条件指数表明方程具有共线性。第一个特征值的维度较大，而其余变量较接近于 0。其次，条件指数一般不应当高于 30，可能会存在共线性问题。但表 6.17 有关残差的描述性统计中，最小值为 −2.484E3，最大值为 1812.305，但是标准化后，都在三个标准差范围内，具有合理性。标准化别除残差的

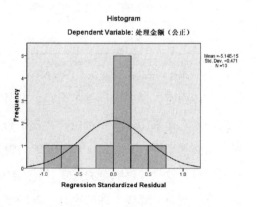

图 6.3　残差直方图

绝对值基本上在 3 以内，cook 距离与居中杠杆值说明自变量可能有影响点残差项呈现正态分布（图 6.3）。

表 6.17 残差值统计量（Residuals Statistics）

	Minimum（极小值）	Maximum（最大值）	Mean（均值）	Std. Deviation（标准偏差）	N
Predicted Value（预测值）	3191.02	57797.00	1.96E4	17666.532	10
Std. Predicted Value（标准预测值）	-0.928	2.163	0.000	1.000	10
Standard Error of Predicted Value（预测值的标准误差）	1909.345	2680.421	2.383E3	333.538	10
Adjusted Predicted Value（调整的预测值）	-1.75E4	30469.99	9913.04	13096.358	10
Residual（残差）	-2.484E3	1812.305	0.000	1267.026	10
Std. Residual（标准残差）	-0.924	0.674	0.000	0.471	10
Stud. Residual（Student 化残差）	-1.381	1.297	0.293	0.960	10
Deleted Residual（已删除残差）	-7.588E3	4.717E4	9.678E3	16934.485	10
Stud. Deleted Residual（Student 化删除残差）	-4.532	2.296	-0.113	2.053	10
Mahal. Distance（Mahal. 距离）	3.642	8.051	6.300	1.902	10
Cook's Distance（cook 距离）	0.002	38.284	5.972	12.024	10
Centered Leverage Value	0.405	0.895	0.700	0.211	10

a. Dependent Variable：处理金额（公正）

总体而言，模型指标基本合理。此外，出于对上述结果中共线性影响，本文对因素选择采用了"步进法"再次进行回归操作。只有"省级人数"一个变量进入到模型中，Tolerance 和 VIF 值均为 1。这一结果说明，省级干部人数的审计对于审计效果的影响至关重要（sig. =0.000），说明我国责任审计的层次还需要加强；同时，省级干部的审计对其他变量的协同效果明显，具有共线性并有效影响其他变量的共同作用，见表 6.18。

表 6.18 步进法下模型回归系数与检验结果（Coefficients）

Model（模型）1		Unstandardized Coefficients（非标准化系数）		Standardized Coefficients（准化系数）	t	Sig.	Collinearity Statistics（共线性统计量）	
		B	Std. Error（标准误差）	Beta（试用版）			Tolerance（容差）	VIF
1	（Constant）（常量）	4739.936	3474.999		1.364	0.210		
	省级人数	1579.918	257.868	0.908	6.127	0.000	1.000	1.000

a. Dependent Variable：处理金额（公正）

3. 稳健性检验

为进一步说明上述结果的可靠性，本书将处理金额（公正）进行修正，即剔除公平指数的影响，并进行重新回归。结果发现，模型虽然仍具有统计意义，但其各项指标均有所下降，尤其是因素的影响均呈现不显著状态。说明"公平性指标"是重要的效果评价因素，见表 6.19 和 6.20。

表 6.19 模型基本指标（Model Summary）

Model（模型）	R	R Square（R 方）	Adjusted R Square（调整 R 方）	Std. Error of the Estimate（标准估计的误差）	Durbin - Watson
1	0.988[a]	0.977	0.896	2146.21477	2.568

a. Predictors：（Constant），治理重点数量，处理人数（公正），审计领导干部总人数（人），审计重点领域数，省级人数，审计事务总支出金额（万元），审计公告数（个）b. Dependent Variable：处理金额

表 6.20 方差分析（ANOVA）

Model（模型）		Sum of Squares（平方和）	df	Mean Square（均方）	F	Sig.
1	Regression（回归）	3.912E8	7	5.589E7	12.133	0.078a
	Residual（残差）	9212475.647	2	4606237.824		
	Total（总计）	4.004E8	9			

a. Predictors：（Constant），治理重点数量，处理人数（公正），审计领导干部总人数（人），审计重点领域数，省级人数，审计事务总支出金额（万元），审计公告数（个）b. Dependent Variable：处理金额

表6.21 回归系数分析（Coefficients）

Model（模型）	Unstandardized Coefficients（非标准化系数）		Standardized Coefficients（标准化系数）	t	Sig.	Collinearity Statistics（共线性统计量）	
	B	Std. Error	Beta			Tolerance（容差）	VIF
（Constant）（常量）	−11579.516	18264.575		−0.634	0.591		
审计公告数（个）	0.034	1.713	0.013	0.020	0.986	0.027	37.052
处理人数（公正）	0.405	0.924	0.094	0.439	0.704	0.251	3.981
1 审计事务总支出金额（万元）	−0.988	0.612	−0.925	−1.615	0.248	0.035	28.539
审计重点领域数	1672.808	642.243	0.740	2.605	0.121	0.142	7.021
审计领导干部总人数（人）	0.451	0.464	0.141	0.972	0.433	0.544	1.838
省级人数	947.498	439.517	1.446	2.156	0.164	0.026	39.103
治理重点数量	1001.325	1089.682	0.149	0.919	0.455	0.436	2.294

a. Dependent Variable：处理金额

重新修正了其他相关变量，如处理人数等指标后，依然是上述结果（见表6.21），并且模型解释力变弱或者不合理。

四、研究结论与下一步研究

（一）基本结论

本文认为，审计效果的评价需要突出审计制度与能力、审计环境、审计职责范围三个基本因素作为评价框架内容。在此基础上，细化具体指标体系，并按基本模型设计和形成"责任效果指数"。但效果中应当更多地考虑公平、公正性因子的影响，健全审计经济性、效益性、效果性的综合度和协同度。

经过多年的发展，我国政府责任审计在国家治理中的作用得到不断加强并显现出一些积极迹象，如对涉及经济活动的违规金额处理程度、对于干部的监督程度、对公平程度的重视等。但从审计模型因素与回归结果分析，审计公告制度、审计领域与重点治理和审计能力的发挥仍具有许多不足之处。第一，政府制度与能力体系的协调效果不佳，制度与能力的深度和广度需要加强。广度上，审计公告的数量不断增加但并没有真正起到应有的影响，这可能与审计宣传、审计追责、政府管理理念、公众意识等多种因素有关。审计事务支出的投入幅度的影响较为明显，恰好说明审计保障得到加强的同时，公告效果的沟通和衔接制度建设是未来工作的重点。深度上，省级干部的审计具有极好的审计效果影响力，但审计干部人数的广度仍然不足，与预期仍有差距。第二，审计范围的选择已经得到加强，但涉及的重点领域、治理的突出矛盾控制量并不理想。对于审计范围的选择与确定可能缺乏系统性、科学性以及对审计矛盾突出领域的把握并未实现持续性，以至于审计效果不佳。第三，审计环境在处理人数上具有较为显著的效果和起到明显的威慑力量。不过，从另一个角度而言，单一的以"治人"不足以"治本"，审计范围不佳的结果表明，审计环境威慑力量需要结合岗位职责与制度的完善来不断增强。

（二）创新与局限

本文的最大创新在于提出了针对政府责任的效果衡量要素与效果评分的基本模型，并验证了当前政府责任审计中的实际效果和不足，为后续研究提供了基本尝试和构想。

本文的最大局限在于样本数据量收集较少，研究结论尚需要在更大范围内得到应用检验，测试其通用性。这些限制主要来源于三方面。①有关部门以及审计机关本身数据统计口径不一，对比性和针对性不系统、不规范，数据可比性不够。有关审计署组织审计工作的资源配置资料，如机构经费、人员经费以及三公经费三项数据不详细，不系统。②预算总体情况和部门情况数据不统一、不规范。如2012年度的审计公告按各个部门列报，虽体现出具体化，但预算执行和其他财政支出总体情况、审计总体情况等综合对比信息却不清晰、不直观。③跟踪审计得到拓展和加强。从2006年以后，执行结果两年内得到跟踪反馈。但仅有一些基本信息，而对于责任人、责任情况以及是否有新的处罚和责任，并未进一步体现，不利于审计结果的真正落实。此外，本文的另一个局限在于审计变量的收集中采用的替代指标并不能够代表原因素本身。

第二节　政府责任审计障碍的进一步剖析

公平与效率通常被作为衡量一种制度安排好与坏、优与劣的评价准则。制度安排与公平效率是对立统一的两个方面，制度安排的演变会引起公平效率观念的变化，公平效率观念的转变也会推动制度变革①。从目前我国国家审计的发展而言，核心是将权力进行适当的制衡，凸显出公共利益的维护和评价。由于政府绩效的概念内涵十分丰富，内容涉及效率、效益、产出、行为、责任、回应、公平、顾客满意度等。把绩效用于衡量政府行为及其效果，就是政府绩效评价。这其中最主要的是如何贯彻公正公平与效率，而且是当前反腐与群众路线的最主要问题。许多学者在研究和实践过程中，把注意力集中在技术运用和活动载体层面，而对于制度安排涉及较少，制约了政府绩效评估有效、持续的推进。

---

① 李松龄. 制度安排与公平效率的辩证关系及其产权分析 [J]. 财经理论与实践，2004（5）：5-10.

当前，实践中推进公平公正与效率涉及制度安排的几个核心问题需要处理：①长期绩效与短期绩效如何结合；②职责边界在法律与现实操作中难以界定；③绩效评价内涵与外延的关系。

一、长期绩效与短期绩效

2012 年度刘家义审计长的审计工作情况报告中，财政资金被挤占挪用、严重损失浪费再次成为年度审计的重要问题。让人们不禁想起"审计—发现问题—整改—再审计—发现类似问题—再整改"的尴尬局面①。制度上，缺乏组织保障、激励机制和目标评价的有机结合。从目标角度看，绩效目标缺乏层次，不够具体化和细致化，且多属于单项目标。评价目标不够全面和系统化，主要表现在：一是结构内容不健全；二是服务质量改进、公众的满意度等未从战略和结果导向中体现。方法上，考核多为单一模式且缺少公共监督机制，很少采取指标考核、公众评议等方式；提供人力支撑与组织保障。技术上，缺乏相应的信息考核系统建设与长效对比机制，缺乏绩效管理信息数据库和绩效评价软件，考核不及时，监督滞后。行为上，所有者的缺位或者激励的无效，使权力者不断变通利益输送方式，增加消费、福利、待遇、灰色收入。

现代管理中强调共同价值目标下的有效激励，尤其是按不同的个性化管理提供的合理的绩效考评机制，将权力者的短期利益与长期利益结合起来，以减少因此产生的损失与浪费问题。这里的关键是设定合理的绩效体系，并且将绩效考评制度严格执行，让真正坚持原则、敢于与违法行为斗争、促进制度创新、维护公共利益和安全的人有机会得到认可、赢得尊重、获得奖励。建立在物质待遇提升过程中的合理标准和分配的公平制度，坚持法制化福利体系的完善，弥补长期绩效与短期绩效间的差距。

二、职责边界在法律与现实中的操作

政府责任在部门、个人以及集体间存在的交叉重叠问题由来已久，在审计

---

① 潘铎印."屡审屡犯"需要得到遏制［J］. 2013（15）：11.

界定责任的过程中，很难就责任的形成与分担理顺清楚。除了加强领导责任的追究外，更为关键的是将责任的统一和协调进行重新设计，其中主要是组织部门、层级关系以及个人责任体系的明确。这其中涉及几个关键点。一是建立起纪检、监察、审计、检察、公安等部门的协同机制，但联席制度中缺乏有利的制约，使责任追究范围以及监督的及时性落实不到位；二是强化被审计单位整改责任，加大问责力度；三是将审计发现的问题纳入政府督办和考核体系；四是领导干部思想政治建设，强化法制和财经纪律观念，促进领导干部依法办事；五是强化被审计单位责任落实并加强内部管理考核；六是解决体制机制制度层面的问题；七是健全有效的责任追究制度。

需要注意，我国当前的职责边界划分依然是强调直接责任、主管责任和领导责任。

1. 直接责任。直接责任是指企业领导人员因直接违反或通过授意、指使、强令、纵容、包庇下属人员违反国家财经法规以及失职、渎职等其他违反国家财经纪律的行为所应当承担的责任：

（1）本人或者与他人共同违反有关法律法规、国家有关规定、单位内部管理规定的；

（2）授意、指使、强令、纵容、包庇下属人员违反有关法律法规、国家有关规定和单位内部管理规定的；

（3）未经民主决策、相关会议讨论或者文件传签等规定的程序，直接决定、批准、组织实施重大经济事项，并造成国家利益重大损失、公共资金或国有资产（资源）严重损失浪费、生态环境严重破坏以及严重损害公共利益等后果的；

（4）主持相关会议讨论或者以文件传签等其他方式研究，在多数人不同意的情况下，直接决定、批准、组织实施重大经济事项，由于决策不当或者决策失误造成国家利益重大损失、公共资金或国有资产（资源）严重损失浪费、生态环境严重破坏以及严重损害公共利益等后果的；

（5）对有关法律法规和文件制度规定的被审计领导干部作为第一责任人（负总责）的事项、签订的有关目标责任事项或者应当履行的其他重要职责，由于授权（委托）其他领导干部决策且决策不当或者决策失误造成国家利益重大损失、公共资金或国有资产（资源）严重损失浪费、生态环境严重破坏以及严重损害公共利益等后果的；

（6）其他失职、渎职或者应当承担直接责任的。

2. 主管责任。主管责任是指企业领导人员根据企业内部分工，对其主管的工作不履行或者不正确履行经济责任，应当承担的经济责任：

（1）除直接责任外，领导干部对其直接分管或者主管的工作，不履行或者不正确履行经济责任的；

（2）除直接责任外，主持相关会议讨论或者以文件传签等其他方式研究，并在多数人同意的情况下，决定、批准、组织实施重大经济事项，由于决策不当或者决策失误造成国家利益损失、公共资金或国有资产（资源）损失浪费、生态环境破坏以及损害公共利益等后果的；

（3）疏于监管，致使所管辖地区、分管部门和单位发生重大违纪违法问题或者造成重大损失浪费等后果的；

（4）其他应当承担主管责任的情形。

3. 领导责任。领导责任是指除直接责任和主管责任外，被审计领导干部对其职责范围内不履行或者不正确履行经济责任的其他行为应当承担的责任。领导责任一般是基于企业领导人员的职务而言，不论主观原因还是客观原因，对本企业或本单位在其职责范围内的各种经济问题都应负有领导责任。

这里有两个问题。一是职责范围不断的扩大。但职责的明确必须具有法制化的管理保障，理顺制度的刚性和体现民生的需求。二是从政府责任角度，仅考虑以上三种责任并且局限于经济责任基础上的"多数决策"体制，很难保障权力的约束，毕竟授意、暗示以及私利均会导致重大决策的偏差。

三、绩效评价内涵与外延的关系

政府责任的考核范围对目前的政府责任审计具有重要的意义。绩效评价的核心指标如何设计以及在多大范围内去考核十分重要。当前，需要明确指标的质量或者其得当性，以及对审计内涵的表达程度，包括公平、环境在内的涉及当今社会中的强烈需求在内，政府责任审计需要理顺质与量间的关系。比如，在审计实践中发现，每个被审计单位都会或多或少地存在违纪违规问题，原因多种：内控制度不完善、执行不力；领导授意，财务人员原则性不强；财务人员主观认识薄弱，对违反财经制度不以为然；等等。监督评价的公开性和透明性缺乏，使得评价依然难以在双方博弈中发挥应有作用。

随着政府责任的拓展，公众的期望越来越高，也越来越需要明确和细化责任的内涵并不断加强其外延的有效监督。比如，①通过查看党组会议、行政办公会议等各种会议纪要和相关资料，通过部门总结，领导述职、谈话等多种渠道，摸清重大决策的事项和内容，列出具体决策目录。②通过索要部门重大经济决策的制度规定，查看部门是否建立重大经济决策制度，内容是否完整严密符合国家规定，特别在决策范围和程序方面有无重大疏漏和倾向性的问题。③通过索要和查看重大经济决策事项审定的会议记录，查看重大经济事项的立项是否履行了可行性研究论证，涉及群众利益需要组织社会听证的事项，决策前是否组织了听证程序。决策的事项是否符合产业政策，是否科学决策、民主决策。

2014 年审计署在《党政主要领导干部和国有企业领导人员经济责任审计规定实施细则》中对经济责任审计的内容、审计对象、审计报告、审计评价等做了进一步细化。将经济责任审计全面展开，省部级领导干部经济责任审计也已常态化、制度化，形成了以任中审计为主，任中审计与离任审计相结合的审计模式，逐步建立起了重要领导干部任期内的轮审制度。如强化对权力运行的制约，促进依法行政和政令畅通，加大了对中央宏观调控、经济结构调整、财政、土地、环境保护等政策落实。

但是由于制度的不统一、不一致，操作不规范等问题，政府经济责任审计有待总结并上升为具有法制化的制度。

1. 审计评价应当有充分的审计证据支持体系和标准体系，如果标准不清楚，则不能够说明绩效评价内涵。

2. 审计评价与审计内容存在矛盾性，即基于共同目标价值下的公共利益体现不全面，并且各种评价方法的角度和内容指标设计差异较大。最主要的是没有在目标角度理顺各环节的协作一致性。另外，审计评价方法对评价内容的维度不够，缺少多种方法的综合或者没有建立不同角度的评价的结合体制，例如，运用与领导干部履行经济责任有关的指标量化分析、将领导干部履行经济责任的行为或事项置于相关经济社会环境中加以分析等。

本章小结

本章主要是基于数据分析提炼政府责任审计与评价的主要因素，尤其是各个不同要素间的综合评价效果。将"审计公告数""省级人数""审计事务总支出金额""审计领导干部总人数"四者结合，说明审计能力的发挥除考虑资源配置的深度和广度外，还应体现出层次性和透明性，即针对省级干部的高层次审计和披露审计公告数的力度将有助于配置效果和政府能力的体现。本节将第一因素命名为审计制度与能力，第二因素命名为审计职责范围，第三因素命名为审计环境。同时，本书认为，公平与效率通常被作为衡量一种制度安排好与坏、优与劣的评价准则，必须关注处理三个问题。第一，长期绩效与短期绩效的结合；第二，职责边界在法律与现实操作中的界定；第三，绩效评价内涵与外延的关系。

第七章

基于目标视角的政府责任审计路径设计

第一节　政府责任审计推动完善国家治理的路径

习总书记指出，要"把权力关进制度的笼子里，形成不敢腐的惩戒机制、不能腐的防范机制、不易腐的保障机制"。其重点是加强权力运行制约和监督，提高政府公信力。新民网（2012）有关政府公信力的调查显示51.93%的受访者认为效果一般。其中，分别有67.46%和71.69%的人认为"官员贪腐""信息不公开和暗箱操作"影响了政府公信力。因此，如何制约与监督权力运行，如何促进公众对政府"信任"，已经成为现阶段国家治理的紧迫课题。政府责任审计是利用权力制约权力的制度安排，是国家治理中的重要组成部分，是国家审计的重要核心。国家治理思想通过国家审计层面，进一步体现在政府责任审计之中。政府责任审计一方面对权力运行具有防护性和建设性作用，以促进公众与政府间的互信。另一方面对权力运行具有监督、鉴证与评价作用，以推动公众与政府间的融合。本文以"信任"和"融合"为出发点，明确政府责任审计推动治理的现实要求、治理障碍和治理重点，探索我国政府责任审计监督权力运行的路径设计。

一、政府责任审计推动国家治理的基本要求

(一) 政府责任审计推动国家治理的内涵

J. N. Rosenau (2001) 认为治理是一种由共同的目标支持的活动,是一系列活动领域里的管理机制,它们虽未得到正式授权,却能有效发挥作用。国家治理是各种公共的或私人机构管理其共同事务的诸多方式的总和,是让不同的或相互冲突的利益得以调和并且采取联合行动的持续的过程 (Jean – Pierre Gaudin, 2010)。现代国家治理强调 "合作" 为前提,主张主体 "多元化" 管理,各种组织 (无论是政府组织或是非政府组织)、各种个体、以及各种组织内部的各种层级之间都有各自的权限,以此形成固定的制度安排。但同时强调互信作为合作的基础,各治理主体均具有法律平等的地位,强调政府与社会和市场之间的分权乃至与私人之间的互信合作。

政府责任审计必须依托国家治理的制度安排,通过经济、政治、社会、文化、环境等领域体现推动治理的职能。从参与国家治理和政府责任间的关系可以看出,我国政府责任审计还面临审计主体和客体不清晰现象。国家权力所有者与权力使用者之间的委托代理关系不可回避产生目标不一致、信息不对称、权责利益冲突等问题,会影响审计职能发挥,也影响公众与政府间的和谐关系和互信。卢梭认为人民将一部分权利委托给政府的目的是为了更好地保护个人权利,维护自身利益最大化,但政府可能滥用职权,损公利己。委托人必须设计或优化合理的制度,对代理人进行激励、监督和制约。因此,政府责任审计必须具有明确的主体——涵盖国家层面的公共利益审计机构与人员,统一的国家和地方深入审计领导系统和责任追究系统。只有主体更加具有权威、更加独立、更加清晰才会形成推动力。主体的清晰化,会推动客体选择的完善。从经济角度看,凡是有公共资金的地方,就会有审计,这是我国政府责任审计的一个惯例和共识。但客体的经济形式、相关职责、人员管辖等出现的混乱也干扰了政府责任审计效果。同时,主体与客体间的管理,还体现在中央与地方间的领导机制的双重性,进而加剧了主体与客体间的脱离程度,限制了对各级政府

责任的追究。

政府责任审计有效性必须通过合理的路径保证。政府责任审计依法用权力监督制约权力，通过促进或制约政府的单方行为，推动委托人和代理人之间关系的良性发展，达到公众期望的国家治理效果。一是政府责任审计的权力必须具有至上性，保证对所有客体的有效地位；二是政府责任审计必须具有多元互动性，形成对审计客体的有效监督；三是政府责任审计必须具有上下联动性，形成对客体的有效反馈。政府部门、政府责任审计、公众主体或者委托人等主体间，需要多元主体的制衡或合作。政府责任审计的首要任务是依据不同时期的国家治理要求，维护公众利益。

然而，政府责任审计推动国家治理的路径具有复杂性。一是国家治理本身"合作性"范围广。Williamson（2002）因此主张应设计交易成本较少的治理机制，治理的重点在于减少投机主义、资产专用性，并且形成复杂环境下的信息对称的环境氛围，维护某种特定的受托经济责任关系（Sherer 和 Kent，1983）。西方国家主流观点认为包括政府责任审计在内，国家治理需要将"合作"体现在社会或公众的参与程度上，促进信任与公平。二是政府责任审计自身"职能性"期望高。现代社会的复杂化，使政府责任审计职能的发挥很难满足国家治理的需要。西方研究关注到国家审计参与治理和满足"多元主体"间需求的能力问题。Conor O. Leary 和 Jenny Stewart（2007）发现两种现象：（1）审计师通常对"道德困惑"具有敏感性，但不确定其行为选择的道德性；（2）治理机制未显现出有效影响道德决策的选择迹象。这说明，审计职能的发挥体现为"融合"的程度，体现为审计自身素质提高和对审计内外部环境的适应与改变。

传统观点认为，公众关心政府公共受托责任的履行情况[①]。随着国家治理的广度和深度的扩展，政府责任与公众间的联系更加紧密。乔治·弗雷德里克

---

① 公共受托责任，包括公共部门的受托财务责任和公共部门的受托管理责任。公共部门的受托财务责任是指公共部门的财政收支要合法，公共部门要按照公认政府会计准则编制财务报表并公布。公共部门的受托管理责任是指公共部门在使用公共资金时要尽到有效地使用、公平地使用、保护环境、促进社会福利的责任。

森认为必须加上"社会公平",使公共行政能够回应公民的治理需要。政府责任审计因而需要更高层次和更加系统性的路径网络,提升审计效果。有观点认为,加强制度安排、落实责任问责和规范权力运行是审计推动治理的基本途径。但审计推动治理并非是一己之力,它必须是一个完整的系统。针对社会管理需求特点,怎样统筹政府责任审计的协调治理路径,以及让政府责任审计呈现更好的推动力,从而形成良性的、互动的制度体系却存在争议。从治理角度,首要任务是促进审计与合作主体间的互信;其次是提高审计特有功能的融合治理程度;最后是优化两者间路径形成的制度优势。

(二)政府责任审计推动国家治理的目标要求

互信和融合视角下需要各主体间共同的目标基础和承诺,以体现公平。目标高低与目标实现保障程度会使公众重新审视信任关系。审计组织将维护公共资源与公共利益的至上性作为最高目标,显然具有多方"合作"基础。但同时,审计必须"能够说明"受托代理人的公共受托责任或者政府受托责任的履行情况①,促进目标信息的透明。由于公共资源、公共利益的分配与处置权往往掌握在某些组织或者权力人的手中,包括审计组织在内,利益驱动会使权力运行规避监督,脱离制度约束。Vivek Ramkumar(2009)选择了85个国家(包括中国)进行政府预算透明度调查,其中80%的政府无法提供其公民需要的有关政府管理公共资金的问责信息,近50%的国家最大限度地隐藏了不受欢迎、浪费和腐败的支出信息。政府权力运行背离了多方合作的信任承诺,背离了统一目标下的"社会公平"监督,权力运行的目的自然会遭到各方的质疑。针对特殊的、违规违法的行为,审计显现出遵守目标的"真诚",才会恢复和增进公众与政府间互信。然而,国家治理环境与特点的变化,对目标实现路径的有效性会产生影响。Wei'an Li, Yekun Xu, Jianbo Niu 和 Aichao Qiu(2012)的一项调

---

① 最高审计机关亚洲组织(ASOSAI)在《东京宣言》中称:"公共经济责任是受托管理公共资源的个人或当局报告资源管理情况和说明其履行所承担的财务、经营和计划责任的义务。"美国审计署(GAO)称:"政府的受托经济责任是指受托管理并有权使用公共资源的政府和机构向公众说明其全部活动情况的义务。"

查得出中国已经由"行政治理"向"经济治理"转变的结论。如果转变过程中存在"混合状态"，多元主体"合作"和"融合"的制度协作风险必然存在。

审计推动国家治理的目标，是各主体间权利与义务关系一致的表现，但必须体现出组织和制度协作的效率与效果优势，实现各方的合作保障和利益最大化。Jensen 和 Meckling（1976）认为，在委托代理关系中，审计需求者正是为了降低代理成本而需要审计。政府责任担当的复杂化，面临更高的治理成本和更广的治理范围。只有将责任主体、责任内容、责任受体和责任机制等相关制度合理安排，构筑有效的制度"结点"① 来降低代理成本，才能促进正义产生。在我国，责任边界、政府边界以及服务体系边界尚存争议，"责任重复、责任缺位、责任错位"现象普遍，代理效果低下，审计目标制度保障相对较弱。同时，传统责任观未能够将政府职能与制裁完整统一，不能使现行责任的申请执政权、行使执政权、承担宪法责任和接受宪法制裁有效协调，浪费了大量公共资源，损害了公众利益。更重要的是，传统责任机制下存在政治与行政二分原则和官僚制，出现了逃避责任现象（欧文·E·休斯，2001）。审计推动治理需要改革相应的组织设计、制度设计、机制设计，完善"合作"信任和"多元化"监督的目标实现保障系统。

（三）政府责任审计推动国家治理的融合要求

复杂的国家治理促使审计具有科学的、特色的、渐进的融合创新，包括服务方式与功能的转变。它既是目标实现的要求，也是权利与义务的维护要求。宏观上，融合意味着审计"自上而下"建构治理推动平台。不过，Nicolette van Gestel 和 Jean – Michel Herbillon（2007）对比了法国和荷兰两国在就业服务、社会福利和社会救助中的治理政策差异后认为，一些治理的新元素虽具有开创性，但却未能体现较好的转变趋势。这可能与政府责任审计发挥治理"转型"的制度有关。微观上，融合具有"自下而上"梳理服务互动渠道之意。政府责任审

---

① 结点（node）是表示一个路由器或一台与网络连接的计算机使用的非正式术语，来自图论。工程学中经常将构件之间相互联结的地方称为结点。本文指框架结构中关键路径的联结，体现为组织或制度等形式。

计推动国家治理必须结合服务授权、服务领域、服务方式、服务技术进行系统性融合。审计推动国家治理的融合程度的成熟性，表现为组织基础上的制度融合程度。制度融合程度越高审计服务水平会越高。弗朗西斯·福山认为影响制度供给方面的因素主要有组织的设计与管理、制度设计、合法化的基础、文化与社会四个方面，是强大的国家、法治的尊崇以及公民对政府的问责等政治秩序要素的基本反映。在美国、英国和法国等发达国家中，面对国家治理需求的深化，审计机构针对本国特点而增强了审计效率与效果的保障制度建设。如美国审计署（GAO）构建起了审计经费方面的保障制度、权限方面的调查和报告制度、监督主体方面的全社会监督制度。法国审计法院（la cour des comptes）建立了对公共财务制度有强制性和专门性的组织安排。英国国家审计署（NAO）关注跟踪审核制度，不断改进措施的落实和不断推进政府责任审计的优化和持续评估制度。在我国，个别省份也在进行参与式审计的组织、制度、文化等方面的尝试。综合而言，国家治理的深入必然引发对审计效率与效果的挑战，应以实现审计目标为出发点，以信任与融合作为基本路径，构筑审计制度的协作体系。信任基础上的目标框架结构和融合基础上的职能优化，共同构筑起审计推动治理的路径网络，最重要的是形成有效的制度衔接和制度保障。如图7.1。

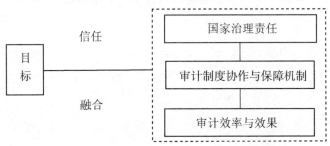

图7.1 政府责任审计推动治理的基本要求与路径关系

二、我国政府责任审计推动国家治理的现实要求与探索

(一) 我国政府责任审计推动治理的现实障碍

我国政府责任审计的总目标是监督财政财务收支的真实性、合法性和效益性。当前形势下，很难满足"信任"和"融合"需求。

第一，围绕"信任"的主体合作关系未能够得到充分反映。国家治理责任的复杂化，需要政府与公众的共同参与和更多的公平与效率考核。政府责任审计促进公众和政府间的沟通、公开、透明与监督，在人民代表大会相应职责中未得到充分体现。政府责任审计过分依赖政府，忽视了"多元主体"的共同参与和合作承诺。有限的"透明"和"公开"，让公众失去社会公平感。政府责任审计多面临中央与地方的利益维护间的尴尬，中央与地方的分权格局以及政府责任审计的双重领导，让主客体间的关系更加混乱，权力制衡和责任追究均不强，这就使政府责任审计推动国家治理面临着多元主体目标协调压力和互信压力。

第二，围绕"融合"的权责不清未得到遏制。审计"融合"的内外制度体系与权责不清，限制了审计效率与效果的发挥。主要包括：法律依据上的缺陷，造成审计"执行不力"，使执行和信息公开保障不足；监管缺乏透明，使互信基础上的管理制度具有特权性；制度落实缺乏保障，职责权限多重性和制约管理的多头化，导致"审计结果执行难"；政府维护政府，使公共性利益公开与监督制衡强度不足，社会并不和谐。

第三，审计推动治理的"信任"和"融合"制度协作与保障体系尚不健全。国家治理最终会关注效率与效果，并以目标实现程度进行衡量，制度体系提供了路径上的保障。在高层，需要推动服务型政府、法制型政府的成功转型，以及凸显人民代表大会对公共利益资源的审查、监督，并完善国家审计的独立关系。它涉及责任划分、评估以及问责机制。在基层，需要推动政府责任审计的职能转型和以目标实现保障相关的"结点"架构和路径完善。它涉及目标定位和职能定位等基本内容，也涉及审计分权基础、权责治理优化和审计功能转

化等基本环节。

本书认为，我国政府责任审计推动治理必然面临外化问题和内化问题，需要理顺直接路径和间接路径关系，实现双向互动式的推进。提高我国审计"融合"与"信任"程度，必须加强人民代表大会的职责，其根本是优化审计基础路径的制度设计与执行有效性设计，进而理顺制度体系。

（二）我国政府责任审计推动治理的基本定位与路径探索

刘家义审计长（2011）精辟阐述了当前我国国家审计推动国家治理的重点领域：（1）在国家权力体系中发挥权力制约和监督作用，促进规范权力的配置和运行；（2）为国家治理进行科学决策提供及时、客观、可靠的信息，促进国家治理各项政策措施的执行；（3）揭露违法违规问题和滥用权力的行为，维护法治；（4）从体制、机制、制度层面反映问题和提出改进建议，促进国家治理创新；（5）关注民生和资源环境保护，努力维护民众根本利益；（6）实行审计结果公告制度，推动落实民众在国家治理中的知情权和参与权。从长远来看，上述领域基本符合国家治理管理的内在要求，体现出推动"善治"的工作重点。

对此问题，我国学者的研究较为丰富。审计推动治理应体现权力制约作用、利益协调作用、机制创新作用、风险防范作用（王学龙，2012）。现代国家治理结构需要其内生出一个揭露、控制、监督体系的治理机制，来防止财政预算的滥用、制约政府（官员）权力的膨胀、促进国家治理的绩效，即针对政府预算权的"预算执行审计"、针对国家行政权的"管理绩效审计"以及针对国家权力人格化身的政府官员的"经济责任审计"（李坤，2012）。仝林（2012）认为政府责任审计治理途径主要是自下而上的，揭示和发现国家治理的不足，及时反馈、及时修正，并将执行情况的评估反馈给国家治理体系，推动体系及时修正决策。国家治理最终表现为：一系列制度、体制、规则、程序和方式的总和。王昊（2006）认为现代国家治理需要按照激励的原则进行机制设计，但是信息不对称问题的存在使得激励机制需要权衡效率与信息租金；政府审计通过对信息进行验证，可有效地降低代理成本，减少信息寻租。围绕"人民幸福"应突出政府监督责任、评价政府效率、提高政府透明度、促进民主法治（谭劲松、宋顺林，2012)，增进文化和结构因素互动、政权"合法性基础"互动、政治体系设计互动、组织设计互动，通过组织的设计与管理、政治制度设计、合法化的基础及文化与社会因素的完善，促进国家审计推动治理效果的提升（廖义刚、陈汉文，2012)。本书认为，"监督财政财务收支的真实性、合法性和效益性"，应注意审计推动作用发挥的前提基础和路径保障。在优化组织"结点"基础上，以需求和目标定位为主线，促进审计推动治理的外化过程和内化过程，透明其使用情况（监督）和提升其效率效果情况（促进）。否则，信任与融合将是空谈。

如何理顺现有问题，可谓众说纷纭。（1）改革和发挥审计功能，包括促进效率效果、改革公共资源及资金使用情况的监督途径[①]。（2）探索与优化治理保障，明确服务与信任两大中心的体系建设[②]。（3）提升审计独立性地位，主要涉及现有体制下的审计评价、鉴证与反馈的法律、机构和体制建设[③]。（4）加强审计激励与绩效评估，主要涉及自身能力与素质等应对复杂环境下新的腐败行为与方式的控制能力[④]。（5）责任与服务转化，是审计内部生成过程和审计外部生成过程[⑤]。

[①] 有观点认为，目前我国国家审计需要从职能细化、公众参与、内部激励、基础建设等多渠道构建面向社会公众需求的需求主导型国家审计供给机制，凸显国家审计的"公共性"。

[②] 国家治理"善治"目标所包含的法治、透明、责任、回应、参与、稳定、廉洁、公正等特征，本文总称为"信任"。有学者认为对国家治理的现实路径提出要求的同时，必然对国家审计的职责履行提出更高要求，积极探索政策评估、公共政策审计等方式，创新国家审计服务国家治理的作用机制，提升"服务"水平和效率。

[③] 有学者认为，当前国家审计与国家治理问题的研究应抓住国家审计行为背后的经济动因和制度背景，以及国家审计在法律、政策与"关系"规则三元组合运转的背景下对国家治理格局演变及独立性进行研究。

[④] 例如，目前的研究中，许多学者关注和深入探讨了政策评估、公共政策审计的可行性和可操作性，指出对公共政策这一基本治理工具开展审计是审计机关提升服务国家治理效用层次的重要手段。

[⑤] 近年来国内社会学和行政学者关注的 Karl Polanyi 市场化运动和制约市场化运动扩张的社会自我保护运动"双向运动"思想，论述了国家治理重构的进程中需要兼顾市场领域和社会领域的利益诉求，从服务科学发展、保障改善民生、推进法治建设、推动深化改革、推进反腐倡廉等角度实现国家审计在区域治理中统筹服务经济社会发展的职能。

本书认为，我国国家治理转型期的社会特征，需要"逐步扩大国家审计在政策咨询与评估、公民参与等国家治理关键领域的话语权"和服务能力，保障和促进公共利益的共同需求；疏通审计组织保障、责任鉴定、绩效评估、信息沟通渠道及转变审计观念素质、提高技术能力、量化鉴证标准、接受对审计服务的评级。

三、政府责任审计推动国家治理的路径选择

（一）"制度笼子"基本结点与有效性

以融合和信任为基础，联结两者的办事规程或行动准则称为制度。按 Williamson（2002），Grossman 和 Hart（1986）的说法，审计形成"权力制约权力"，应解决权力分配和交易成本降低问题。审计首先需要强调在政府和国家权力机构间的权力制约与独立性；其次是巩固制度结点与配套组织设置；最后是形成有效的监督、考核、评价与问责保障。联结的制度体系可以称之为"制度笼子"，从而形成制度的有效性和可持续性。其中制度的有效性具有三个要点。一是公众力量参与程度与知情程度。把握这一点需要明确公众或利益人主体①，并完善问责体制，增强透明度。二是监督和执行的跟踪反馈与制度保障程度。公开、公平、公正需要强大的保障力量和促进力量，责任部门间的审查、监督、执行必须具有足够的公开性和制约性。三是多重监督下的问责制度可持续程度。我国许多政策和制度表现出短期性、投机性、随意性，必须通过多重监督，提升问责威慑对可持续性的影响。图 7.2 展现了"制度笼子"的关键结点及审计关键路径。

---

① 本文认为利益人是制度的直接关系者，而公众有时是间接的关系人，如国家公共资源的开发污染引发的村民与企业间的矛盾，同时又对公众公共资源形成威胁。利益人或者公众是群众路线在审计中的体现。

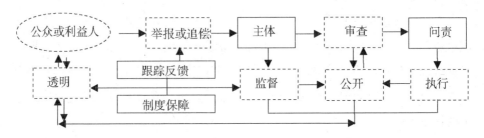

图 7.2 "制度笼子"结点与审计关键路径

图 7.2 中,公众或利益人具有对"执行力"公信性的强势约束与保障作用。依托与其"合作"或"多元管理",既可增强公众或利益人的"知情"程度,又可提高其对制度执行的足够威慑。第一,公众与利益人的"知情"是国家审计的"外部动力"和"审计推动治理需求","透明"和"公开"结点是审计推动治理应有的权利选择。不过,我国国家审计隶属政府,必须强化人大的专业问责法庭或者委员会的"主体"监督,让其发挥更大作用;同时,建立公众或者利益人"听证制度或参与审计制度",增强其审计服务的动力和独立性,包括源自更广泛的公众或利益人的举报或追偿结点,形成对政府决策者甚至审计工作者的"越权""违规"等行为后果的巨大压力。第二,矛盾的出现会引发制度"规制者"的内部抗衡和问责阻碍。"审查"结点必须由对人大专业法庭或者专业委员会负责的专属部门负责并建立"听证式审计",即由公众或者利益人参与的常态化、公开化的"监督"制度,从而将"执行"结点中的"真实"(包括利益链条、关系人、制度暗箱等)体现出来,促进社会正义。第三,由"主体"对公众或者利益人合理诉求进行"问责"并严格建立制度保障与跟踪反馈制度,维护法律公平和国家安全。

(二) 政府责任审计推动国家治理的路径选择

"信任"和"融合"路径形成,是一个"自上而下"和"自下而上"的互动过程,是一个审计系统内外协作过程。外部环境需要增强法律、机构和机制建设,明确政府组织或部门的法制化,以建立审计必需的责任鉴定问责、组织系统保障、职能绩效评估和必要的信息公开评价制度,政府的改革需要因此主动加大责任型、服务型政府改革力度。内部环境中，审计应结合外部环境变化，推动自身能力和治理目标实现的鉴证、反馈、评价制度（包括公众的服务评级），以此说明自身参与治理的服务融合能力的程度。因此，政府责任审计推动国家治理的路径包括外化路径和内化路径。其目的是实现审计功能的转变和审计目标的实现。外化路径与内化路径的成功与否，又需要三大推动系统的支持，分别是分权基础（第一层次）、权责治理优化（第二层次）、功能转化（第三层次）。其中，分权是审计推动治理的"上层路径"，是国家治理目标的保障和实现要求；权责治理优化是组织资源的配备是否具有效率与效果，是国家治理与政府责任审计关系和谐程度的直接要求；功能转化是政府责任审计的操作路径和国家治理的实现动力，"透明"和"多元"是国家治理有效推动的"生命"。其基本关系如图7.3所示。

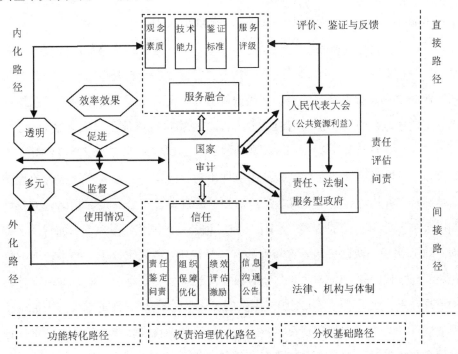

图7.3 政府责任审计推动国家治理路径框架

图7.3列示了政府责任审计推动国家治理的必要"路径网络"或者"路径框架"。通过政府推动的法律、机构与体制建设称为间接路径，而通过人民代表大会主导的评价、鉴证、反馈与问责称之为直接路径。原因是未来我国国家治理必然会更加突出人民代表大会的地位与作用，政府的职责也会更加迎合对其服务与责任的担当。我国政府责任审计特殊性使其应借助人大与政府形成新的权力制衡体系，其核心是政府责任、责任评估、责任问责。具体需要注意两点：首先，审计需要对人大问责法庭或者人大专业委员会负责，并积极利用政府身份增进服务融合的优势，推动与参与制度鉴证、评价、监督职能；其次，围绕促进信任，大胆设计公众或者利益人审计听证与参与制度，并与人大专业委员会的审查、问责制度结合，对外促进多元化监督，"说明"资金与资源情况，对内增进效率与效果的鉴证水平和结果透明程度。但上述设想的实现应源自国家审计隶属政府与隶属人大领导下的相互制衡和直接调整。

同时，在目标定位和职能定位统一的基础上，需要构建路径的实现方式和机制。一是实现"信任"和"融合"的方式，需要在分权基础上形成公共利益与资源的"大财政审计"制度，涵盖资源分布、配置渠道、分配制度、组织绩效和责任主体在内的多方面内容，形成以"预算执行审计""管理绩效审计"以及"经济责任审计"为主的深层制度审计，如组织效能审计、环境资源生态管理审计、制度可续性审计、绩效评估评价与执行审计，形成审计推动治理的具体路径，并构建与监督分权、激励引导、问责审查和公开透明相结合的互动制度（如图7.4）。二是保障"信任"和"融合"的方式，需要特别加强以下方面。（1）组织—激励机制。重新理顺审计署与地方各级审计机关的系统内的优化集权与分权问题，以建立更充分的独立性或者权力制衡。同时，围绕审计推动治理效果，赋予不同层次组织或人员的"人本化激励"，促进组织与人员的工作效能。（2）技术—保障机制。审计业务具有复杂性和多样性的特点，责任佐证信息收集难度极大。同时，政府责任往往涉及政府权力与相应利益的冲突，并对审计部门的独立性提出挑战。所以，技术与保障应进行一体化考虑，审计组织机构一定与技术的复杂程度相适应。（3）路径—结构机制。点面结合有助于审计效果的提升。首先,界定部门职责与权限;其次,公众满意程度与社会期望程度是路径与权责结构是否合理的最终衡量标准。一方面应增强工作多样性、减少规则、减少层次,组织应尽量扁平化,以增强路径选择的适应能力。另一方面,加强团队建设中的信息透明机制建设,明确方向与目标中存在的问题,避免多头领导,结构才会发挥作用。

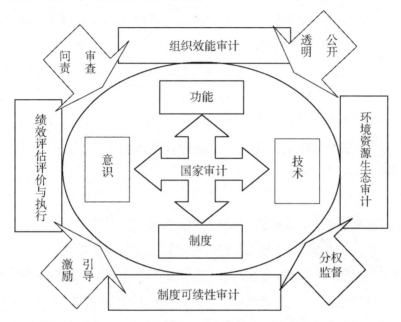

图7.4 审计推动治理的路径方式与治理互动

第二节 政府责任要素体系与审计指标

公众对政府提供的公共管理服务标准和完善程度的需求水平不断提高,涉及的政府责任种类与领域不断扩大,传统政府管理中对民众服务的效率性、回应性弱的特点使其难以满足公众的期望。世界主要发达国家的"政府再造"使包括中国在内的各国政府重新审视"公众在政府管理中的核心价值"并达成基本共识。我国政府职能面临从传统组织者、监管者向服务者、"裁判员"的角色转变，公共部门的管理改革成为今后社会体系良好运转的重要动力。服务型政府主要特点在于其服务的效率与效果以及服务品质由公众的满意度决定。不过，我国政府是改革的推动者、组织者，甚至是评价者，政府职能转型的主要动力是增强公众与政府间的监督和沟通能力，扩大公众的知情权、参与权与监督权，而政府责任审计作为国家治理的重要组成和手段，是促进政府职能转化的重要力量，尤其是对政府责任的监督、鉴证和评价。

然而，政府责任审计以政府责任的衡量要素体系为基础。由于对政府责任要素存在争议，很难将政府责任全面地通过量化与非量化的指标合理反映。存在的突出问题表现为：一是如何重新界定包括政府绩效在内的政府责任要素体系；二是审计鉴证指标如何与政府责任评价体系相融合；三是如何体现和增强国家治理下的审计功能。

一、国家治理下的政府责任审计功能：需求与转变

公共经济学认为，政府服务供给与需求过程应体现出公共物品的层次性，它取决于政府服务决策等制度的合理性和创新性。缘于对有限资源的竞争，各级政府已将制度建设作为资源利用的有效方式和手段。在服务型、法制型政府建设中需要充分考虑公民偏好和高效率、高效果性的服务绩效。政府审计作为国家治理的重要组成，无疑是政府责任的落实以及政府职能转变的有效方式。审计通过鉴证其服务的合理性、合法性、合规性以及能够提供制度差异与"修调"的功能，将为政府职能转变提供巨大的助推力。至于审计功能定位，廖义刚、韩洪灵和陈汉文（2008）以洛克、奥尔森和巴泽尔的国家理论模型为基础，从本源上追溯了不同国家形态下政府审计职能及相关特征差异，并给出内在逻辑一致的解说：第一，政府审计体制将日趋完善，最终将由目前的行政型政府审计模式过渡到立法型政府审计模式；第二，审计内容将不断扩展，逐步从真实、合法为主向真实、合法、效益三者并重转变，而且向绩效审计日益重要的方向转变。

服务型政府的本质是为民提供公共服务，且在服务提供过程中注重公民参与和自主管理的实现，其核心是建立责任政府①，这成为公众需求的根本出发点和政府责任审计的转变方向。肖陆军（2007）认为西方国家服务型政府理论与改革实践，具有相当的成就。一是通过管理主体多元化，推动公共服务社会化；二是引入企业管理理念提高公共服务品质；三是通过分权强化公共服务的主动机制和责任机制，以及通过法制提高服务的规范化、程序化和法治化。服务型政府的内涵如何界定呢？新公共管理理论、治理理论和新公共服务理论等为其提供了最权威的解释，然而，服务型政府的内涵描述与实现途径在三大理论中的观点却有不同，这一争议使政府责任要素与体系难以达成一致。表 7.1 列示出新公共理论、治理理论和公共服务理论中的典型观点，并借此重新界定服务型政府的责任体系。

表 7.1 服务型政府责任代表性理论与主要观点对比

责任理论	主要观点	实施重点	主要缺点
新公共管理理论	（1）公共部门进行专业化管理并承担责任；（2）打破公共管理本位主义，整合单位"藩篱"，引入竞争；（3）控制产出，降低成本，完善市场，提高效率	强调政府的"企业家精神""顾客"需求和市场力量	强调企业化将有利于公益事业与弱势群体等利益需求，并易引发政府短期行为
治理理论	各种公共的或者私人机构共同管理；强调善治；公共管理机构与个人需要承担职务范围内的责任；健全法制，公众参与决策并监督；对公众积极回应	建立合作、协商、伙伴关系	促进政府、市场与社会的相互协调，管理和促进资源有效配置，推动持续发展。但受到传统观念约束较多

---

① 刘熙瑞（2002）将服务型政府定义为：在公民本位、社会本位、权利本位理念的引导下，在整个社会民主秩序框架下，通过法定程序，按照公民意志组建起来，全心全意为人民服务为宗旨，实现服务职能并承担服务责任的政府。资料来源：刘熙瑞. 服务型政府——经济全球化背景下中国政府改革的目标选择［J］. 中国行政管理，2002（7）.

续表

责任理论	主要观点	实施重点	主要缺点
新公共服务理论	政府的职能是服务而非"掌舵";公共利益是目标而不是副产品,不只是关心效率;服务对象是公众而非顾客,不仅仅关注企业家精神;重视公共行政中的人而非生产率;政府责任并不只包括经济绩效。	对新公共管理理论进行"扬弃";强调以公众为中心的治理;关注民主价值与公共利益的持续	强调政府分权,并通过中介来解决公共问题,阻碍较大。

资料来源:肖陆军. 服务型政府概论［M］. 北京:对外经济贸易大学出版社,2007:14－16. 经作者整理而成。

对表 7.1 的观点进行综合分析,可以得出以下几点结论。首先,政府责任包括经济性责任也包括非经济性的责任,绩效管理具有了新的需求和体现,而且政府责任可以体现为以定性与定量性的指标来评断。单一领域的绩效审计不能够满足公众对其全部相关服务的鉴证需求。其次,政府应承担源自公共领域相应的服务责任,通过有效方式管理和配置公共资源,实现可持续发展的常态化。其核心是突出公共性服务并以民生为根本,并以投入与产出效应作为基本衡量模型。但显然,有关政府服务的投入与产出的内涵已经有所拓展,并涵盖了公共管理的需求内容。最后,政府责任的承担应以制度化、法律化的形式作为职能发挥与否的判定标准,兼顾长期行为与短期行为、集权与分权、整体与分层责任等相关要素层次。政府责任应在有效的监督、评价以及问责体制下合理落实。

综合而言,服务型政府的职责主要体现在依法行政、尽职尽责、科学发展与保障民生四个主要方面。服务型政府的内涵决定了审计的监督、鉴证和评价的范围,即应重点强化政府的行政责任、法律责任与制度责任方面的鉴证。

二、政府责任要素与体系:服务功能的审计拓展

(一)政府责任要素体系

党的十六大将我国政府职能确定为"经济调节、市场监管、社会管理和公

共服务"。但在具体的责任构成与指标设置方面存在一些争议。从审计角度，政府责任要素已经历了从"2E"到"3E"再到"5E"的发展，即经济性（Economy）、效率性（Efficiency）、效果性（Effectiveness）、环境性（Environment）和公平性（Equity），环境审计和社会责任审计已被绩效审计所涵盖。从政府责任要素体系设置角度，我国已经进行了一些有益的尝试并试图明确责任的执行规范。"十一五"期间，我国首次采用了预期性指标和约束性指标相结合的方式①，重点集中在政府、国有企业和党委等领导干部的经济责任方面②。例如，《党政领导干部考核工作暂行规定》（1998）中对政府领导干部经济方面的责任的规定，主要体现在六个方面：（1）各项经济工作指标的完成情况；（2）经济发展速度、效益与后劲；（3）财政收入增长幅度；（4）人民生活水平提高幅度；（5）环境生态保护程度；（6）廉洁从政。但是，现行的我国政府责任体系并没有实现将服务型政府的定位作为出发点进行设计的初衷，有关政府责任的内涵具有很大的局限性、短期性、非系统性和模糊性。

本书借鉴肖陆军（2007）、蒋劲松（2005）、王焕祥（2009）以及董大胜（2012）等相关研究文献以及结合现行责任政府职能，将政府职责分为人民生活社会保障、经济发展状况、教科文卫公益事业、生态环境、行政成本、社会治安综合治理等六个具体内容。目的是将现行政府的评价机制与本文的研究能够有效结合在一起，从而更有助于在此基础上建立审计标准。表7.2列示了每一职责对应的相关的具体性的指标，包括经济、法律、政治、安全、生态以及社会等因素。

---

① 预期性指标是指国家预期发展的目标，主要依靠市场主体的自主行为实现；约束性指标是指在预期指标的基础上，加强政府的必须实现和完成的指标。如能源消耗、污染排放、耕地保有量、社会保障覆盖率等，以避免单一追求 GDP 的做法。

② 虽然中共中央办公室、国务院办公厅《党政主要主要领导干部和国有企业领导人员经济责任审计规定》（〔2010〕32 号，2010 年 12 月）文件中确定了责任条款，但并不全面。

表 7.2 政府责任指标体系

指标	基本内容
人民生活社会保障指标	人均收入及其增长率、恩格尔系数、基尼系数、居住条件、社会保障实施情况；基础设施与公共资产管理情况、城镇低保人数与弱势群体情况、社区服务能力情况；粮食与经济公共安全等
经济发展状况指标	绿色 GDP 总量及其增长率、人均 GDP 及其增长率、产业结构与创新情况、就业率与失业率、物价上涨指数、经济安全与资源保护、政府债务情况、土地与环境等可持续发展情况等
教科文卫公益事业指标	(1) 教育方面主要包括教育经费占 GDP 或财政收入的比重、义务教育普及率、大学教育普及率、成人识字率以及制度创新程度。(2) 文化方面包括居民文化消费占家庭总支出比重、广播电视覆盖率、人均报纸杂志订阅量、公共图书馆（包括博物馆、少年宫）数量和使用情况等。(3) 卫生情况包括死亡率、平均预期寿命、万人拥有医生和护士的比率、乡村卫生院和医疗点覆盖率、社区医院覆盖率、传染病等发病率等。(4) 经济社会与科教文卫等发展的协调度等
生态环境与安全指标	森林覆盖率、耕地保有量、温室气体排放量、垃圾回收利用率、污水处理率和水资源利用率、植树造林面积和成活率、矿产资源等管理与开发状况、污染企业分布与公共资源安全规划等
行政成本与绩效指标	行政经费占财政支出的比重；财政预算实际支出与政府年末决算支出比重；廉政建设与资金使用效果；民众监督与政务公开效果
社会治安综合治理指标	刑事案件发件率或犯罪率、交通与火灾等事故与公共管理情况、群体性事件发生与治理情况等

（二）政府责任审计指标设计

如何设定审计层面的政府责任审计标准呢？英国和美国等国家对于政府责任的工作重点集中在过程控制和执行效果的考核。如英国政府的做法是充分体现灵活性，核心是经济性、效率性和效果性考核，并分为各行业不同形式的指标体系与国家管理角度的综合指标体系，操作上运用了定性与定量结合的列示方法。美国绩效考核则主要集中在过程考评（公共支出项目立项的合理性）、经济效益考评（效益与成本考核）、结果影响考核（项目对地区、行业以及周边环境与社会影响）、持续能力和长期状态考核（经济与社会的可持续发展）四个方面。可见，有关政府责任虽然仍以经济、效率和效益为主轴，但其内涵已经有了质的重大变化。本质上，经济性应体现"利用已有的资源或实际供给公众的服务"，结果应理解为"对于使用者来说，这种服务的最终价值或者利益是迎合使用者需要或实现它的根本目的（英国审计委员会，1989）"。在责任承担和考核的纷杂的关系中，最为关键的是要明确：效率的核心应体现输入与产出的比率对应关系，效益的核心应体现出产出或结果与政府工作目标的对应性。其中心思想是形成明确责任体系的设计、体现社会公共管理的效益、展示对顾客满意程度的回应。

不过，政府责任指标体系的审计标准存在混乱局面。例如，"三类说"（道德责任、政治责任、法律责任）、四类说（道德责任、政治责任、法律责任和行政责任）和五类说（政治责任、法律责任、行政责任、道德责任、生态责任），都体现出对于政府责任审计的不同要求。在我国，政府责任评价原理与体系设定的不足、审计目标与功能的定位缺乏准确性、鉴证标准和信息采集途径的不畅使责任划分艰难，一定程度反映出责任审计指标选择面临诸多障碍。本书认为政府责任应体现服务与法制型政府定位的内在要求和社会可持续发展的状态，主张将行政责任、法律责任以及制度责任作为当前政府责任的基本点，并且将政府责任指标体系在审计角度进行重新设定，重点突出经济、效率与效益的拓展性，如表7.3所示。

表 7.3 政府责任审计指标体系

责任主要类型	主要责任审计指标	责任考核要点
行政责任	贯彻落实国家宏观经济政府评价指标情况；政府管理投入与产出的效果与效率；政府建立责任效果与效率的促进机制情况；政府取得资源的手段和程序情况；公共服务与公共安全建设与管理情况；政府公共项目决策和程序的民主化和科学化情况；行政管理人员、职责以及激励与国家公共管理的内外协调情况；"5E"在法律、制度和责任方面的目标与实施效果；产能淘汰与产业结构调整情况；社会可持续性与创新能力建设情况；国有资产管理与政府债务风险情况；事业发展与目标实现的综合效益情况	资金、物资资源、人力、组织等取得方式、过程、产出与结果的定性与定量分析
法律责任	政府部门遵守、程序、手续等有关的法律法规情况；提供的各种服务的水平以及数据合理合法情况；政府行政程序的法律监管效果以及政府信息透明、公开、公平的法律措施和民主程序；涉及政府的民事诉讼和集体性事件的责任追究的法律法规情况；不断更新和完善法律并与社会协调发展情况以及民众的参与程度；政府责任评价的依据、程序以及范围等法律情况；促进区域间的法制差异和不公平现象的缩小情况；目标责任和绩效管理对应的合理合法情况；问责制与法规建设情况；	基于责任目标、责任准则与责任指标各层次的依据、程序、方法和效果的定性与定量分析
制度责任	政府建立有关责任衡量与控制的制度系统情况；行政、法律等责任相关制度的总体设计与运行状况；制度与社会进步，尤其是新兴领域的制度完备情况；制度层次与细节的规范性、灵活性和针对性；群体性事件、危机事件以及突发事件的制度情况；制度反馈和制约机制以及制度纠正建设情况；人力资源管理水平、培训、评价、考核建设情况；	政府公共资源破费与行为投入成本，满足公共管理服务情况的定性与定量分析

（三）政府责任审计具体指标设计

政府责任审计的核心是正确处理好效率与效益的内在关系，并提供高质量的透明信息和促进政府功能转型。由于我国审计仍然限于某些领域，并没有实现"大财政"审计，因此，审计功能的发挥并不流畅，即表现出在审计对象设定上存在不明现象和没有实现全部领域的审计常态化之间的矛盾。这一矛盾表现使政府责任的审计具体指标设计与执行不可能涵盖政府责任的全部领域。同时，按照政府职能内容进行的指标设置（表3－1）并不能够体现出审计功能与服务型政府责任间的协同关系，未能够凸显出三大政府责任基点应有的控制效果。此外，Veenhoven 和 Cummins 先后在1996年和2002年的研究结论强烈支持客观绩效指标与公众主观评价相结合并坚信能够弥补和纠正信息偏差，主要体现在政府公共服务的经历、期望、需求、质量评价、态度和满意度等，从而建立起以问责制（accountability）和效益（effectiveness）为导向的服务价值观。因此，采用定性与定量方法设计审计指标以及明确政府责任目标下的投入与产出、效率与效益的对应关系和各自相应责任担当是合理的。

本书从"大财政"角度，针对责任共性问题进行具体审计指标的设计。围绕效率与效益两大中心，分别从其定性和定量方面系统设定审计要点。针对服务型政府的责任要求，重点解决公共领域资源审批和执行程序、决策和效果等环节，借此深化各自的行政责任、制度责任和法律责任的承担。

表7.4 政府责任审计具体指标

考核内容	标准	主要责任审计要点	关键审计指标
效率性	定性	各个部门能否对预算制定和可实现效益间的关系进行充分说明和论证；各部门的人员、岗位配备是否充分考虑了对服务质量的风险与管理效率；上级部门与下级部门间协调推动以及内部制度推进情况；是否严格按预算执行项目决策并充分考虑短期与长期性的可持续发展规划；效率检测并不断更新优化工作方案	行政责任：决策与落实、政府管理投入与产出、效果与效率、服务质量情况 法律责任：决策、程序、执行、考核的合理与合法 制度责任：服务、法制与可持续性制度形成、反馈与更新情况

续表

考核内容	标准	主要责任审计要点	关键审计指标
效率性	定量	测量值是否准确地运用到所期望的目标测量之中；测量值与所期望的目标之间的因素关系与匹配关系；量化收益表现出可持续情况；基线选择的代表性；成本或者负面影响的转移情况；预算执行与额外成本情况	行政责任：如经济发展指标（速度、国有资产保值增值率）、社会发展指标（职工失业率、消费状况比率、平均受教育程度、公用设施保有量等）、生态环境指标（废水废气废渣等排放量比率、水土流失面积比率、水与矿产等资源保护利用率、森林覆盖率等）
			法律责任：数据确认程序的违规次数；数据采集与处理的合格次数；考核与问责执行覆盖部门个数
			制度责任：各指标的内部控制制度与监督制度的合格个数
效益性	定性	政府部门进行的投资建设与设计等服务是否具有可持续性；政府服务与责任是否与公众需求一致并取得预期效益；政府服务的成功经验与障碍是什么；公共重大领域效益是否具有短、中、长期规划并在各任政府间严格履行程序和执行；重复建设与管理系统优化情况	行政责任：社会综合效益的提高过程、措施与考核
			法律责任：投入—产出、效率—效益间的考核与问责体系
			制度责任：建立与公众间的透明、公平、公开性的制度；公众参与和项目决策的论证、监管和质量保障制度情况；制度鉴证与制度优化、考核情况；奖惩与问责中的复议制度建设情况

续表

考核内容	标准	主要责任审计要点	关键审计指标
效益性	定量	指标选择是否能够准确测量服务效果；质量指标是否涵盖了所有可能影响其效果的因素；指标能否正确引导政府行为；责任落实前与落实后的服务质量对比情况；短、中、长期效益衡量指标设置情况	行政责任：公众满意度指标、经济工作指标（人均 GDP、居民平均可支配收入、产业结构与创新程度等）、生态环境指标（耕地面积、"三废"回收利用额、资源节约、利用与管理良好率等）、科教文化事业指标（人均教育等资源分配额等）、社会治安与人民生活保障（经济安全、社会治安案件发生次数、失地安置人数等）等指标
			法律责任：投入—产出、效率—效益间的考核与问责次数；与专家委员会、公众反馈和沟通程度与信息公开次数；短、中、长期效益指标执行程序和变更等违规次数
			制度责任：公众参与式管理制度建设的试点及项目个数；良好制度个数占同类全部制度总数的比重

三、研究结论与局限

里瓦（2000）曾指出"鼓励提高绩效措施的同时带有错误并得到扩散"。政府责任的服务导向为本文提供了分析的思路，但政府责任在管理中的复杂性和多样性使审计功能的全面发挥遇到极大障碍。本书认为政府责任审计不宜流程化并且运用灵活、针对、专业的鉴证方法推动政府职责的转化。政府责任审计主要针对政府工作是否以正确的方式开展以及是否以正确的方式去实施和执行。这一做法可能是"大财政"审计的基础性尝试，也是我国审计服务标准改革的方向。过多地局限于短期性、片面性和静态性的考核会不利于责任政府在理念、职责和服务质量方面的改进。本书认为，当前政府责任体系与审计指标均需要围绕审计目标的变化而进行调整审计范围和方法。政府责任除了体现经济、效率和效果外，更多地延伸到安全、环境等领域，但从投入与产出来看，主要体现在效率、效益两大方面，其中效益已经涵盖了非传统领域中的政府责任内容，上述方面均包括了行政责任、法律责任和制度责任三个基点，并体现了定性和定量的信息需求。本文试图依据上述设想完成政府责任体系、政府责任审计鉴证指标的设计，借此加强和完善审计功能。

但本书的局限在于尚缺乏对指标与责任体系的实证支持与反馈；投入—产出、效率—效益间的因果关系和科学程度有待检验。此外，政府责任鉴证与审计功能的发挥并不简单体现在指标体系上，还需要观念、行为以及技术标准与流程的完善，这是本文并未涉及的领域。

本章小结

国家治理使政府与公众间的联系更加紧密，加强审计服务融合与信任十分必要。将"权力关进制度笼子"，使政府责任审计推动治理面临特殊要求。其一是国家治理必然引发审计推动治理的目标定位的变化，信任与融合是推动治理的基本路径；其二是审计推动治理的效率与效果需要实现路径重构。以目标为基础，信任与融合的制度协作与保障体系需要加强。面对我国国家政府责任审计推动治理的现实要求，本文提出推动国家治理的制度框架和实现路径，主张建立和实现"大财政审计"，促进治理的内外互动和完善路径的保障制度。

政府职能再造引发了政府责任审计功能的延伸和拓展。政府审计作为国家治理的重要组成，应以新公共服务等理论的政府责任体系为基础，并实现审计服务功能的提升。本书主张将行政责任、法律责任以及制度责任作为当前政府责任体系的基本点，从定性和定量角度界定不同责任的效率和效益层审计标准。

第八章

研究结论与未来展望

第一节　基本结论

一、政府责任审计的本质

政府责任审计目标属于审计理论结构的核心要素，多元化的责任必然面临着政府职责界限与组织制度保障等一系列相关变革。审计，关注责任履行情况。但由于我国政体改革落后于经济改革，权力监督体系具有组织、技术、管理等原因形成的漏洞。因此，一方面推诿责任、懈怠责任、混淆责任，另一方面是越权、寻租、贪污行为盛行，权责形成的不对称发展严重影响了社会公平、公共管理的效率与效果。监督体制建设是当前社会矛盾的必然要求，其关键是形成权力的制衡。监督可分为权力监督和非权力监督，权力监督包括立法监督（如人民代表大会）、司法监督（如法院、检察院）、行政监督（属于内部监督，包括上级对下级的监督。如典型的机构就是监察局、审计局）。非权力监督主要体现为：政党监督、社会监督、公民监督、媒体监督。由于权力系统具有许多关联性，非权力监督已经成为重要的监督方式。长期以来，我国重视权力监督，却存在各自的权力制衡不到位或者法制弱于人治的情况，官僚、强权、错位等情况辈出，并且偏离了传统的群众路线，存在脱离群众的监督或者少有体会民生的心态，自然轻视或者边缘化非权力监督的方式，使国家治理面临重大挑战和国家公共管理障碍。

（一）权力与权利

审计的产生是权力制衡权力的结果，由一系列制度形成的权力制衡系统。本质上，权力应当以法律上的权利为基础和实现权利为目的，权利某种程度上应具有制约着权力的形式、程序、内容及过程。其本位应当以国家法制为基础，并以保障和实现群众的公共利益为目标，包括公平性、效率性、效果性、经济性和环境性要求。只有能够以法治思想才会真正实现审计对权力的真正制衡并最大限度实现"5E"目标。同时，某些法律上权利又依赖一定的权力保障，必然需要加强审计的地位以及权力系统的权威性。但权威是权力的主观反映形式，审计权力需要其组织保障的完善并且体现出积极的目标实现机制。有观点认为，目标实现机制其实是制约权力的表现形式①，即越想实现目标越应当加强权力制衡系统的融合程度。

（二）权力的本质

如何实现目标机制的有效融合，需要正视权力的内在本质和微观表现。对于审计目标机制必须考虑权力来源，包括权力者正式的职位、个人的特质、专业的技能、可利用的资源、社会的影响力五个方面，尤其关注因此而形成的"人脉网络"，即权力的人际关系来源，许多关于组织中权力的研究集中在领导与下属或经理人员间的人际关系上，却较少关注权力的结构来源，即反映劳动分工和不同部门、团队和群体中的成员关系。这些工作的设置、定位和角色，自然起因于接近信息、资源、决策制定和其他人时的机会不相等。所以，权力的制衡关键在于明确权力的关键性、灵活性、关联性和中心性，尤其是突出其可观察性。优化对公共管理的执行、分配和监督权，增进专家性、法定性、奖

---

① 制约权力是指设事物在单位时间所释放的价值量（U）和主体对于该事物的制约权数或决策权数（Kp）的乘积，即把 Kp×U 定义为主体对于该事物的制约权力。

赏性。权力内在具有法制和问责的内涵，"责"具有质问、责罚、责无旁贷之意。权力外在体现权责明确保障产权人的权力到位、产权人利益明确、产权人责任落实。政府责任审计正是基于权责到位，明确制度和体现法治的作用。本研究的目的在于：①对比研究相关国家政府责任审计目标的内容与理念，对我国多元化目标形成的内涵与内容体系进行必要探索；②探索与构建政府职能转型后审计目标控制的审计理论基础，丰富审计质量控制途径。③探索审计目标落实中的保障机制和协同机制，提出改革的建议。

二、审计目标与定位

困惑在于，审计目标的制衡系统缺乏基于法治化的总体设计。如前文所述，一些现实问题比较突出：审计观念相对落后、审计执行的范围过于狭窄、审计体制尚不健全、审计鉴证标准缺乏完善、责任审计法律建设滞后。本文认为，审计定位一定不能离开推动公共利益相关的权力与责任的制衡，即民主和法制的前提下，一定不能离开加强对权力的制约和监督中心，一定不能离开维护国家安全、关注政府效率这两个重点目标。目标定位除了具有"打"更应当"防"，防不在于"教条"或畸形的"死板"，不在于面对不良制度不敢直言，而应当让坚持"法律面前人人平等"成为工作信条和社会准则。显然，传统的审计定位并没有做到这一点，过多的精力集中于"打"，修补式、随意式、变通式现象层出不穷。审计目标既然以"5E"为内涵，就应当从公平、环境角度增强经济、效率、效果间的法制化机制，完善制度系统，提升目标机制的畅通。

本书认为，应当完善政府责任审计目标和体系建设，促进公众与政府间的互信和融合；优先加强深化政府责任审计目标实现机制探索，包括部门协作机制、技术规范机制、责任追究机制，促进公平和透明；调整政府组织结构和政府服务职能，尤其是清除审计目标实现中的障碍，促进系统优化、信息共享、组织协同、公众参与的氛围形成。此外，建议关注权力的人际关系监督，如政府权力部门、关键岗位的亲属经营业务监督，尤其涉及国家重大经济安全、国有资产安全、公共利益分配等领域。从公平角度，权力监督不仅限于某一岗位，权力的影响远不止一个单一的部门，依靠权力形成新的权利链条值得警惕。除纪检、监察、公检法外，应依法在一定的范围内将国家机关的政治事务和施政活动公布于众，使之广泛置于人民的关注之下，赋予权力的对应对等，增进制约主体活动权与法的强制力量，并且形成有效合力。各类制约主体各尽其职、各负其责，密切配合，协调一致，从而形成制约系统的良性循环。

三、审计机理与路径选择

受托经济责任和委托代理理论是政府责任审计的重要基础。审计的目的是控制契约不完全下的代理问题。国家治理视角更为符合服务型政府、法治政府的转型需求，并体现出责任政府的理念。一是应关注政府责任"分权"与"边界"。二是政府推动公民与社会建设，尤其是突出公众需求何种服务，何等水平和类型的服务。三是改革审计绩效考核模式。

服务型政府理念为现代国家治理提供了方式的根本转变。群众参与是政府分权转变的重要方式，更能体现党真心为民的决心和勇气。现行责任审计并没有转变和调整到服务型政府审计目标框架之下，这将与公众的期望产生巨大差距，并不利于政府职能转变和服务结构的调整。我们主张将责任界定为两个层级，一是将责任划分为行政责任、法律责任和制度责任；二是突出领导责任、直接责任和管理责任。一方面有利于推动法治化建设，另一方面有利于推进问责体系建设和落实到位。制度责任是行政责任的外化与内化的信号，是政府责任机制建设的核心，政府责任的落实和监督均需要制度执行的合理性、合规性、合法性及有效程度进行衡量。而不论是行政责任还是制度责任，均需要承担相应的法律责任。

但由于责任人具有私利性和经济性，有两点需要格外关注。（1）必须抓紧制定监管制度并增强监督信息的透明和公平建设，即信息共享和信息公开查询制度，以加强对责任人责任履行情况监督。同时，加强责任的亲属或者重大关联关系人的经营信息查询或者项目投资情况披露，以便及时监管和追踪审计，并上升到法制层面。这也是我国近年来反腐的宝贵经验，不可以像过去那样

"一阵风"，过后依然没有足够有制度威慑和可持续的公平。（2）必须积极推进绩效考核体系和考核指标建设，即通过合理的制度将大多数兢兢业业、恪尽职守、坚守原则的人政绩效同审计目标的实现统一起来，将政府部门和人员的绩效与国家治理目标和群众核心利益统一起来，将监督机构的目标和权力制衡的效果统一起来，将实事求是与合理建议高度统一起来，共同推动国家治理和法制化服务型政府的转变。

此外，委托关系及其过程的合理化涉及责任审计的动力问题，即转型问题中的动力系统。传统的"惯性"和"懈怠"行为，使权力沉迷于权利而责任于边缘丢弃，国家治理成为空话。现实的政治要求和社会矛盾均不允许这样一个局面的出现。我们的国家只有不断地依据形势改进权力的分配制衡制度，让公共利益永远成为权利改革的风向标，才能改变过去只关注某一方面责任的考核理念，理顺委托代理关系以及中央与地方政府间的分权体制。本研究主张完善政府责任重构与审计监督间的理论框架与路径。（1）目标体系与责任体系并行；（2）委托关系与政府职能重构；（3）公民与政府间的逻辑关系和审计监督鉴证评价体系重构。本研究主张"能动式"的责任导向。增强审计自身目标保障程度并建立与社会需求相适应的沟通机制，转变政府责任审计功能并促进共性与个性审计间的协调发展，提升审计观念创新与服务能力并加强问责机制的执行力。

目标的多元化使责任考核应具有多角度性或多层次性，涉及国家层面和地方政府层面的组织模式和审计权力的保障以及各级政府责任的审计鉴证与评价的科学性。传统情况下，均衡状态下有效率的结果可以实现，但技术、制度或组织的演化并不必然遵循效率逻辑。严峻的形势要求审计目标的实现应具有更强的制度效率或组织效率，以及具有更全面的内涵效果。审计效果其实是政府责任目标实现构架下的内部制度激励层次、内容和方式的系统和综合。因此审计效果依托于政府的职能改革和绩效考核改革，这就要求审计具有高度独立性和促使政府管理方式改变的能力。从此角度，本研究认为有两个关注的问题。（1）审计效果要素和体系的构成。通过实证分析，本文将第一因素命名为审计制度与能力，第二因素命名为审计职责范围，第三因素命名为审计环境。30多年来，我国政府责任审计在国家治理中的作用得到不断加强并显现出一些积极迹象，如对涉及经济活动的违规金额处理程度、对于干部的监督程度、对公平程度的重视等。但审计公告制度、审计领域与重点治理和审计能力的发挥仍具有许多不足。一是政府制度与能力体系的协调效果不佳，深度与广度均无法满足社会矛盾需求。如审计公告的数量不断增加但并没有真正起到应有的影响。二是审计事务支出的投入幅度（资金、技术和人员）和领域（资源、环境以及财政预算等）均未形成应有效应。审计范围的选择与确定可能存在缺乏系统性、科学性。三是审计环境和审计监督权威不足。审计环境威慑力量需要结合岗位职责与制度的完善来不断增强。（2）审计模式和路径选择。在我国，审计具有行政色彩，具有历史的原因与有我国的基本国情。不论何种国情，审计的独立性和审计推动国家治理的功能是各国需要解决的主要命题。长期的政治改革落后于经济建设，忽视制度形成的公平的力量已经让党和国家遭受重大的损失，严重影响了政府的形象。同政府部门一样，审计也具有层级关系和集体利益性，会形成维护取得收入与私利保护间的平衡或交换。对政府责任多元化审计的单一加强，势必引发相关人员或单位的消极对待，有悖目标的实现。这其中包括制度激励效应因素、行政管理效率因素、路径依赖"惯性"因素。目标的实现路径其实是将这些因素的正能量进行释放。本研究认为，多元化政府责任审计目标的实现机制可以概括为组织—激励机制、技术—配置机制、路径—结构机制。本文强调三项中心机制联动的同时，并不反对各个机制独自或者联合所产生的综合效果，仅是突出上述实现机制的特殊性和针对性。有效的机制主要取决于三个变量，即耦合的有效程度、运行的同向性和信息传递的通畅性。一方面应增强工作的多样性、减少规则、减少层次，组织应尽量扁平化，以增强路径选择的适应能力。另一方面，加强团队建设中的信息透明机制建设，明确方向与目标中存在的问题，避免多头领导，结构才会真正发挥作用。审计署应推进审计手段创新与建立相应技术成果维护机制，建设学习型组织并加强审计机关组织与资源保障，完善人事制度、组织制度、绩效考评制度，创新组织结构、提升文化与学习能力，加强审计公告制度与责任追踪制度。地方审计机构应突出特色性的技术优化与组织保障，建立"以人为本"的培训机制，创新组织结构，提高文化与学习能力。将资源配置的目标趋于一致，需要进行激励机制、政绩考核机制以及信息化机制的组合，需要审计署与地方各级审计机关集权与分权的独立性制衡机制的协调，需要组织设计与考评、过程激励、激励透明、高层次的问责的制度保障。

国外的一些值得借鉴的经验是：政府改革突出了公共管理理念并将审计极力融合于国家治理体系，增强审计的功能和监督落实。但如何加强政府责任的管理向公共管理责任的转化，各国的途径并不相同，以权责制衡、公众监督以及组织机构的协调为基本切入点，重点增进政府责任的绩效考核、制度激励以及成本效益的公平合理。我国的改革面临两个难题。一是政府机构改革的力度和持续性效果不佳。"精简—再膨胀—再精简—再膨胀"已经成了一种普遍的不良现象。政府改革本身没有法律保障、没有公众更多的监督参与、没有强效的预算和绩效制度约束等形成了特有的"逆向选择"轨迹。二是政府责任审计的"多头"管理形成的制度真空。本意上，组织间的制约是制衡权力的，但如果制度起不到作用，权力得不到监督，责任得不到追究，那么，相关各方便成了利益小集团。小到集体大到国家，绩效提供的正能量信号不足，风气日渐下行，后果可想而知。基于上述两个问题，本研究提出了"信任"和"融合"命题。因为审计目标的实现必然是一项庞大的系统，而审计又必须借助于政府实现公平、效率等，这似乎又回到了公众情绪是难以接受的环境之下，政府审计来评价政府有多大的力度？所以，我国审计的一项长期任务是赢得尊重和信任，同时，又必须与国家治理大局和目标"融合"，体现出创新性和推动性。这也是我国国家审计处境中的两难境地。急需解决的是：第一，提升审计的层次和权力；第二，增强审计对制度建设的评价和推力。在"大老虎"面前，我们已经经历了源自政府部门和有关当事人的压力，所以从法制上应当抓紧确立政府责任审计的法律构架和法律依据等保障性措施，对干扰和阻碍并威胁到审计人员生命财产安全的行为建立公开复议与公开诉讼制度。同时，关注人民代表大会监督政府和国务院及相关部委的途径建设，关注人民代表大会专业法治委员会对审计工作的公开查询制度，提升人大专业委员会对政府行为的立案调查和追责力度，完善人民代表大会对涉及公共安全、公共利益的监督权以及对相关调查人的保障制度。本研究认为，外化路径与内化路径的成功与否，又需要三大推动系统的支持，分别是分权基础（第一层次）、权责治理优化（第二层次）、功能转化（第三层次）。之所以如此，是对近年来政府高层和军队高层的腐败行为监管和审计制度的反思。权大于法，人治大于法治，后患无穷。从信任角度，政府责任审计一定从人民代表大会的高度来对国家利益负责，并有权对总理及整体政府行为进行审计并且把涉及亲属或重大关联方的经济利益行为纳入国家整体监管之下。我们希望看到，现行体制下的政府责任审计的权限得到提高，更希望看到审计能够与其他部门对懈怠责任及时发现并及时处理，实现政府责任审计的"信任"和"融合"的双赢，助推国家治理出现良治的局面。所以，政府责任审计必然在未来需要实现全面化、制度化；信息系统建设和大数据建设必然需要审计建设数据深层挖掘分享制度；权力监督的公平化需求的扩大必然需要审计将范围扩大到权力岗位及其权力人际关系链条审计制度；目标多元化以及国家治理的法制化必然需要明确审计绩效评价和问责的法律制度；政府责任审计依托政府必然需要强有力的组织机构改革制度和目标实现的组织"合力"保障制度；公共利益关注的全面深化必然需要建立"大财政审计"体系和审计资源合理配置体系实现制度。

第二节　未来展望

一、本研究的不足

（一）数据受限

数据运用是一项研究中必不可少的，为了防范主观意识偏差带来的影响，本研究试图运用定性和定量研究结合的方法，突出中外比较、演绎归纳、档案研究等。由于政府责任涉及保密内容较多，一些官方数据获取受限，数据的时效性和系统性受到一定程度影响。

（二）微观探索

本研究主要针对多元化目标实现的路径进行了三个角度的创新分析。（1）理论体系。一是目标实现机理；二是实施效果检验；三是路径分析。（2）权力制衡。权力制衡有利于保证社会公正公平，并具有合理的取向，最大限度实现社会整体目标。审计是权力制衡权力的制度安排，本研究从责任审计目标角度，梳理了政府责任审计内部或者外部权力制衡关系，主张建立个人、群体、机构和组织的系统性制衡，确保权力在运行中的正常、廉洁、有序、高效等。（3）动力系统。动力系统涉及保障模式和绩效评价与考核等内容，本研究提出以协同方式，努力提高审计在国家治理中的"信任"和"融合"。但是责任的考核与量化以及责任的边界确定仍然是极为艰难的，同时，政府责任审计必须依托我国国情与政府改革的进度，因此，本研究中所提及的内容仍有许多需要探索，不可能解决所有的问题。

（三）内容深度

政府责任审计涉及一个庞大而又复杂的社会环境和政府管理系统协作。许多内容会随着社会阶段不断变化。将此问题的本质和操作理顺清晰需要严谨的框架和论证。本研究虽然解决了宏观性的理论和路径设计，却没有将内容延伸到现实案例和一线问卷的调查之中。这也正是本研究即将开展的后续内容。

二、未来方向

（一）政府责任审计的法治化研究

十八届四中全会提出政府的一切权力来自人民、源自法授。需要做好以下方面的工作。一是依法推进政府职能转变。继续大力推进简政放权、放管结合，加快建立权力清单、责任清单和负面清单，让政府法无授权不可为、法定职责必须为，提高行政效能和服务水平。二是加强和改进政府立法，健全政府依法决策机制，主动适应改革和经济社会发展的需要，坚持立改废释并举，推动重点领域立法，做到重大改革于法有据、决策和立法紧密衔接。三是深化行政执法体制改革，梳理各部门执法权，推进综合执法，着力解决权责交叉、多头执法问题。四是全面推进政务公开，实现决策、执行、结果公开透明，增强政府公信力。政府责任审计也必然需要加强法制化审计的研究。

（二）进一步加强政府责任审计案例研究

以各地实践的经验，不断地完善当前的政府责任审计，运用案例研究提炼更深层的因素路径十分必要。案例研究能够很好地弥补本研究中理论基础解释以及进一步增进理论运用的效果。案例研究、实验研究是解决政府责任审计的探索，将有助于潜在因素尤其人文因素的影响，后续深层责任指标的设计和目标导向不可以忽略这一方法。

（三）检验政府责任审计系统协同研究

政府责任审计需要政府各组织或部门的协同，包括审计机关在内的系统性设计。本研究虽然在理论上提出了一些设想，但具体的效果，尤其是政府公共绩效管理与责任考核的目标性是否具有统一性需要另行检验，以利于政府责任审计中各环节的优化。政府责任考核体系本身也需要通过指标协同的检验以验证相应体系的科学性和客观性。

（四）深化政府责任审计理论研究

由于公共管理涉及社会学、经济学、管理学、信息学、心理学、绩效管理等众多内容，观点与角度不同，相关的认知也有不同，争议也比较多，后续研究必然需要实践的检验过程并且进一步深化和统一争议，形成有效的政府责任审计理论体系。

本章小结

本章综合和提炼了本节所研究的主要观点，明确主要的研究层次关系。同时，本章进一步指出本节研究中的创新与不足，并且提出未来的研究方向。

参考文献

[1] 李晓慧，张胜篮. 中国政府绩效审计理论研究的发展与展望——基于 2000—2009 年国内九大期刊的初步证据审计与经济研究 [J]. 审计与经济研究，2011（1）：23 – 29.

[2] Percy I. The best value agenda for auditing [J]. Financial Accountability& Management，2001（4）：351 – 361.

[3] 吴清华. 作业与作业链绩效：经济效益审计新思维 [J]. 审计研究，2004（3）：83 – 88.

[4] 施青君. 效益审计的一种可行框架：成本效益分析 [J]. 审计研究，2005（2）：48 – 52.

[5] 余玉苗，何晓东. 核心效用观下政府绩效审计的实施框架 [J]. 审计研究，2005（3）：23 – 27.

[6] 毛晔，姚玉蓉，张星. 大型公共工程绩效审计模型——基于可持续性的研究 [J]. 审计与经济研究，2006（5）：20 – 30.

[7] 温美琴，胡贵安. 基于政府绩效评估视角的政府绩效审计研究 [J]. 审计研究，2007（6）：27 – 30.

[8] 中国审计学会 2010 年工作情况和 2011 年主要工作安排 [J]. 审计研究，2011（1）：11 – 18.

[9] 蔡春，李江涛，刘更新. 政府审计维护国家经济安全的基本依据、作

用机理及路径选择 [J]．审计研究，2009（4）：7－11.

[10] 审科发 [2011] 40 号．审计署关于进一步加强审计理论研究工作的意见 [J]．审计研究，2011（3）：109－112.

[11] 蔡春，蔡利，朱荣．关于全面推进我国绩效审计创新发展的十大思 [J]．审计研究，2011（4）：32－38.

[12] 蔡春，陈晓媛．关于经济责任审计的定位作用及未来发展之研究 [J]．审计研究，2007（1）：10－14.

[13] 蔡春，田秋蓉，刘雷．经济责任审计与审计理论创新 [J]．审计研究，2011（2）：9－12

[14] 李江涛，苗连琦，梁耀辉．经济责任审计运行效果实证研究 [J]．审计研究，2011（3）：24－30.

[15] 王会金．国外政府绩效审计评析与我国绩效审计战略 [J]．会计研究，2010（5）：75－82.

[16] 王会金，王素梅．国家审计免疫系统建设：目标定位与路径选择 [J]．审计与经济研究，2010（2）：17－22.

[17] 左敏．国家审计如何更好地维护国家经济安全 [J]．审计研究，2011（4）：8－13.

[18] 宋夏云．国家审计目标及实现机制研究 [M]．上海：上海财经大学出版社，2008.12.

[19] 审计署科研所．中国审计研究报告（2005）[M]．北京：中国时代经济出版社，2006.3.

[20] 审计署科研所．中国审计研究报告（2006）[M]．北京：中国时代经济出版社，2007.3.

[21] 审计署科研所．中国审计研究报告（2007）[M]．北京：中国时代经济出版社，2008.3.

[22] 董大胜．中国政府审计 [M]．北京：中国时代经济出版社，2007.2.

[23] 尹平，刘世林．政府经济责任审计 [M]．成都：西南财经大学出版

社，2009.12.

[24] 李嘉明，李雷鸣．政府责任审计初探［J］．审计与经济研究，2006
(11)：14－17.

[25] 蔡春，朱荣，蔡利．国家审计服务国家治理的理论分析与实现路径探
讨——基于受托经济责任观的视角［J］．审计研究，2012 (1)：6－11.

[26] 李晓慧，张胜篮．中国政府绩效审计理论研究的发展与展望——基于
2000 年—2009 年国内九大期刊的初步证据［J］．审计与经济研究，2011 (1)：
23－29.

[27] 谭劲松，宋顺林．国家审计与国家治理：理论基础和实现路径［J］．
审计研究，2012 (2)：3－8.

[28] 沈荣华，钱伟军．中国地方政府体制创新路径研究［M］．北京：中
国社会科学出版社，2009：140－144.

[29] 张成福．责任政府论［J］．中国人民大学学报，2000 (2)：75－82.

[30] 陈庆生．公共政策分析［M］．北京：中国经济出版社，1996：
8－12.

[31] 周恺．从审计职能的发展谈中国政府审计制度的完善［J］．财贸研
究，2011，22 (3)：147－155.

[32] 钱再见，高晓霞．弱势群体社会保护中政府责任的理论求证［J］．
河南师范大学学报 (哲学社会科学版)，2002，29 (6)：1－5.

[33] 王会金，王素梅．国家审计免疫系统建设：目标定位与路径选择
［J］．审计与经济研究，2010. (2)：17－22.

[34] 宋夏云．国家审计目标及实现机制研究［M］．上海：上海财经大学
出版社.2008：1－10.

[35] 蔡春，朱荣，蔡利．国家审计服务国家治理的理论分析与实现路径探
讨——基于受托经济责任观的视角［J］．审计研究，2012 (1)：6－11.

[36] 李志平．地方政府责任伦理研究［M］．长沙：湖南大学出版社，
2010：150－156.

［37］彭韶兵，周兵．公共权力的委托代理与政府目标经济责任审计［J］．会计研究，2009（6）：18-22.

［38］Stewart，J. D.．The role of information in public accountability［M］．In issues in public sector accounting（Anthony Hopwood and Cyril. Tomkinsed.）．Oxford Philip Publishers，Ltd：13-34.

［39］尹平，刘世林．政府经济责任审计［M］．成都：西南财经大学出版社，2009：1-10.

［40］刘力云．政府审计与政府责任机制［J］．审计与经济研究，2005（4）：7.

［41］李嘉明，李雷鸣．政府责任审计初探［J］．审计与经济研究，2006（11）：16-18.

［42］郑钢．现代汉语小词典［M］．延吉：延边人民出版社，2002：755.

［43］刘礼．从制度经济学视角论政府审计制度的功能［J］．西部财会，2007，（2）：68-71.

［44］柯武刚，史漫飞，韩朝华．制度经济学——社会秩序与公共政策［M］．北京：商务印书馆，2001：1-10.

［45］唐任伍，刘立潇．行政管理过程中个体理性与集体理性冲突研究［J］．中国行政管理，2013，（6）：83-86.

［46］张文秀，郑石桥．国家治理、问责机制和国家审计［J］．审计与经济研究，2012，27（6）：25-32.

［47］刘家宏．政府绩效审计存在的问题及对策探讨［J］．产业与科技论坛，2009，8（10）：184-188.

［48］尤安山．香港的"三公"支出［J］．沪港经济，2011，（9）：52.

［49］李瑛，崔晓雁，李阳，等．香港衡工量值审计与深圳政府绩效审计的比较研究［J］．会计之友，2007，（07）：87-88.

［50］沈伟杰．上海市县（区）级审计机关绩效审计问题研究［D］．上海：上海交通大学博士论文集，2009：1.

[51] 高新华. 如何进行企业组织设计 [M]. 北京：北京大学出版社，2004：156-160.

[52] 李靖，钟哲. 从行政管理到公共管理：中国公共管理学科发展的历史考察 [J]. 黑龙江高教研究，2013，31 (5)：23-26.

[53] 谢丽威，韩升. 责任中心主义及其超越——基于现代公共管理的伦理内生性视角 [J]. 湖北社会科学，2013，(11)：48-52.

[54] 曾日河. 协作性公共管理：公共管理转型必要性 [J]. 湖南社会科学，2013，(z1)：14-15.

[55] 吕志奎，孟庆国. 公共管理转型：协作性公共管理的兴起 [J]. 学术研究，2010，(12)：31-37.

[56] 刘太刚. 公共管理之器、术、道——需求溢出理论的公共管理资源论和公共管理学知识体系论 [J]. 江苏行政学院学报，2013，(6)：91-98.

[57] 朱鑫灏. 公共管理的三重维度 [J]. 江苏行政学院学报，2013，(5)：103-107.

[58] 祝小宁，赵蜀蓉，程绍沛等. 比较与借鉴：公共管理理论与实践——2012年第八届公共管理国际会议综述 [J]. 中国行政管理，2012，(12)：116-117.

[59] 李春成. 略论公共管理案例研究 [J]. 中国行政管理，2012，(9)：121-124.

[60] 曹堂哲. 公共管理研究方法的回顾与前瞻——以问题类型学为基础的新体系 [J]. 北京行政学院学报，2013，(5)：34-40.

[61] 王秀明，项荣. 关于审计机关绩效评价若干问题的思考 [J]. 审计研究，2013 (4)：24-27.

[62] 吴建南，杨宇谦，阎波，等. 政府绩效评价：指标设计与模式构建 [J]. 西安交通大学学报（社会科学版），2007，27 (5)：79-85.

[63] 戴维·奥斯本，特德·盖布勒，周敦仁. 改革政府——企业家精神如何改革着公共部门 [M]. 上海：上海译文出版社，2006：155.

[64] Michael Allison, Jude Kaye. Strategic Planning for Nonprofit Organizations

[M] . New York：John Wiley &Sons, Inc. , 1977.

[65] 尚虎平. 我国地方政府绩效评估悖论：高绩效下的政治安全隐患 [J] . 管理世界, 2008, (4)：69 – 79.

[66] 李江涛, 苗连琦, 梁耀辉, 等. 经济责任审计运行效果实证研究 [J] . 审计研究, 2011, (3)：24 – 30.

[67] 刘光. 关于绩效评核体系有效实施的思考 [J] . 价值工程, 2013, (17)：151 – 152.

[68] 尚虎平, 李逸舒. 我国地方政府 "一票否决" 式绩效评价的泛滥与治理——基于 356 个案例的后实证主义无干涉研究 [J] . 四川大学学报（哲学社会科学版）, 2011, (4)：113 – 123.

[69] 多纳德·莫尼汉, 斯蒂芬·拉沃图, 尚虎平, 等. 绩效管理改革的效果：来自美国联邦政府的证据 [J] . 公共管理学报, 2012, 09 (2)：98 – 105.

[70] 夏东民, 田晓明. 工作绩效模型的建构与研究 [J] . 高等理科教育, 2003, (1)：95 – 98.

[71] 审计署官网. http：//www. audit. gov. cn.

[72] 夏寒, 蒋大鸣. 制度移植视角下的近代政府审计制度检讨 [J] . 审计与经济研究, 2011, 26 (4)：13 – 20.

[73] 胡建国. 当前我国国家审计制度存在的问题及对策研究 [J] . 审计与经济研究, 2008, 23 (3)：14 – 17.

[74] 谢志华. 走向制衡的审计制度 [J] . 审计与经济研究, 2008, 23 (1)：5 – 8.

[75] 任敬. 国外反腐经验对发展中国特色审计制度的启示 [J] . 人民论坛, 2014, (17)：254 – 256.

[76] 蔡春, 朱荣, 蔡利. 国家审计服务国家治理的理论分析与实现路径探讨——基于受托经济责任观的视角 [J] . 审计研究, 2012 (1)：6 – 11.

[77] 汉密尔顿, 杰伊, 麦迪逊. 联邦党人文集 [M] . 程逢如, 在汉, 舒逊, 译. 北京：商务印书馆, 1980：360.

[78] 李坤. 国家治理机制与国家审计的三大方向 [J]. 审计研究, 2012 (4): 20-25.

[79] 刘家义. 国家审计与国家治理 [J]. 工业审计与会计, 2011 (5): 2-5.

[80] 谭丹. 国家审计治理职能的内涵及其实现路径 [N]. 中国审计报, 2012-12-5 (6).

[81] 谭劲松, 宋顺林. 国家审计与国家治理: 理论基础和实现路径 [J]. 审计研究, 2012 (2): 3-8.

[82] 仝林. 国家治理体系中的国家审计 [N]. 中国审计报, 2012-11-2 (4).

[83] 查理·A·格林特. 公共管理体制国际比较 [M]. 王来等, 译. 北京: 经济科学出版社, 2001: 77.

[84] 王昊. 政府审计与国家治理体系 [J]. 中国经济问题, 2006 (4): 51-55.

[85] 杨建荣. 第二届全国审计青年论坛——国家审计与国家治理专题研讨综述 [EB/OL]. 中华人民共和国审计署, 2012-06-05.

[86] 新民网. 本果舆情: 我国政府公信力问卷调查结果出炉 [EB/OL]. 2012-02-15.

[87] 张军. 国家审计与国家治理: 美国的经验与启示 [J]. 中央财经大学学报, 2012 (8): 91-96.

[88] 孟焰, 孙永军. 目标视角下的政府责任审计理论框架与路径选择 [J]. 审计与经济研究, 2013, 01: 11-17.

[89] 孟焰, 孙永军. 服务型政府责任要素及国家审计鉴证指标体系框架研究 [J]. 审计与经济研究, 2014, 02: 14-21.

[90] Conor O. Leary, Jenny Stewart. 2012. The Interaction of Learning Styles and Teaching Methodologies in Accounting Ethical Instruction [J]. Journal of Business Ethics, (4): 1-17.

[91] Crossman S. J., O. D. Hart. The costs and benefits of ownership: a theory

of vertical and lateral integration [J]. The Journal of Political Economy, 1986, 94 (4): 691 – 719.

[92] Nicolette van Gestel, Jean – Michel Herbillon. Changing modes of governance in activation policies in France and The Netherlands: common path or counter model? [J]. International Journal of Sociology and Social Policy, 2007, 27: 7 – 8.

[93] Vivek Ramkumar. Open Budget Survey Findings on SAIs and Independence [J]. International Journal of Government Auditing, 2009, 7: 10 – 14.

[94] Weián Li, Yekun Xu, Jianbo Niu, Aichao Qiu. 2012. A survey of corporate governance: international trends and China's mode [J]. Nankai Business Review International, 2012, 3 (1): 17 – 25.

[95] Williamson O. E. The theory of the firm as governance structure: from choice to contract [J]. The Journal of Economic Perspective, 2002, 16 (3): 171 – 195.

[96] 王焕祥. 中国地方政府创新与竞争的行为、制度及其演化研究 [M]. 北京: 光明日报出版社, 2009.

[97] 肖陆军. 服务型政府概论 [M]. 北京: 对外经济贸易大学出版社, 2007.

[98] 徐倩, 吕承超. 制约我国政府绩效评价的难点问题探析 [J]. 宁夏大学学报 (人文社会科学版), 2010, 5: 157 – 160.

[99] Veenhoven R. Happy Life – expectancy: a Comprehensive Measure of Quality – of – life in Nations [J]. Social Indicators Research, 1996, 39: 1 – 58.

[100] Cummins R A, Nistico, H. Maintaining Life Satisfaction: the Role of Positive Cognitive Bias [J]. Journal of Happiness Studies, 2002, 3: 37 – 69.

[101] 刘骅, 陈涵. 地方政府债务的协同治理审计研究 [J]. 财政研究, 2018 (09): 106 – 117.

[102] 黄步龙, 关慧. 我国地方政府债务风险的国家审计治理研究 [J]. 商业会计, 2018 (15): 59 – 61.

[103] 陈涵. 新常态下地方政府债务协同治理审计研究 [D]. 南京：南京审计大学，2018.

[104] 哈雪洁. 地方政府债务置换风险与审计治理研究 [D]. 南京：南京审计大学，2018.

[105] 赵国宇，王善平. 经济责任审计对地方政府治理的促进效果研究 [J]. 中国审计评论，2017（01）：38 – 45.

[106] 龙世舜，李彬. 经济责任审计、官员治理与地方政府投资效率[J]. 商，2015（49）：135 – 136.

[107] 高杨. 地方政府性债务治理：国家审计的视角 [J]. 全国商情（经济理论研究），2015（21）：91 – 92.

[108] 武贤芳. 法国地方分权改革与府际关系的变迁 [D]. 杭州：浙江大学，2015.

[109] 唐滔智，陈红，赫雁翔. 国家治理、地方政府性债务审计与经济安全 [J]. 南京审计学院学报，2015，12（05）：20 – 27.

[110] 李明. 国家审计提升地方政府治理效率的实证研究——兼评地方国家审计机关的双重领导体制 [J]. 经济与管理评论，2015，31（03）：60 – 67.

[111] 尹启华，陈志斌. 地方政府债务融资"羊群效应"的形成机理及其治理机制——基于 2013 年全国政府性债务审计结果的分析 [J]. 上海金融，2015（05）：63 – 66.

[112] 柯学民. 地方政府层级体制改革研究 [D]. 武汉：武汉大学，2015.

[113] 刘冰. 地方政府性债务风险传导路径与免疫机制 [D]. 重庆：重庆理工大学，2015.

[114] 马轶群. 地方政府债务的租值耗散及国家审计治理——以融资平台为例 [J]. 财经科学，2015（02）：63 – 71.

[115] 李龙，任颖. "治理"一词的沿革考略——以语义分析与语用分析为方法 [J]. 法制与社会发展，2014，20（04）：5 – 27.

[116] 廖义刚. 国家审计与地方政府治理: 作用与路径 [J]. 当代财经, 2014 (06): 123 - 129.

[117] 李明. 国家审计、政府治理效率与地方经济发展 [D]. 成都: 西南财经大学, 2014.

[118] 盘晓娟. 关于地方政府治理中的审计学研究 [J]. 时代金融, 2014 (09): 151.

[119] 高强, 李芙娜, 王春芝, 关品. 地方政府治理中审计公告制度的演进——基于辽宁省的分析 [J]. 大连民族学院学报, 2013, 15 (02): 182 - 185.

[120] 孙婷. 政府审计治理功能研究 [D]. 成都: 西南财经大学, 2012.

[121] 韩明升. 地方审计在政府治理中的定位和途径 [N]. 中国审计报, 2012 - 03 - 14 (006).

[122] 赵光勇. 治理转型、政府创新与参与式治理 [D]. 杭州: 浙江大学, 2010.

致　谢

　　该书是在博士后出站论文基础上完成的。我关注政府责任审计是受博士导师董大胜副审计长的启发，禀承师恩并愿意去做些研究。自 2012 年开始，我先后发表过一些文章，初步构建出了我的一些观点和主张。在中央财经大学进行博士后研究期间，合作导师孟焰教授的精心指导和亲切关怀，使我的论文构想更加深刻。从课题的选题到阶段性成果的形成，孟焰教授都给予我极大的关注，以及提供许多宝贵意见和建议，有力地推动了本书的完成。导师渊博的学识、敏锐的思维、平易近人的风格都给我以莫大的影响。在此，谨向孟焰教授致以衷心的感谢和崇高的敬意！

　　我关注国家治理和治理能力现代化进程。不幸的是，由于个人原因，我有几年几乎中断了研究。我对此也耿耿于怀，不肯放下。但最终让我重新审视原有的成果并将其修改完善的动力，是来自光明日报出版社的一封信，激发了我的写作热情。在此感谢光明日报出版社的大力支持！

　　感谢审计署刘力云、汤孝军和赵圣伟给予的宝贵建议和帮助。对于实践工作的具体想法，是与他们一次次的交流而更加贴近实际。感谢审计学会给予我研究方法和审计工作培训的机会，让我聆听一些专家对具体工作所存在困惑的探讨，他们的支持是我的论文思路不断更新的重要动力。

　　衷心感谢妻子丁莉娜多年来的关心与支持，她为孩子和家庭付出的辛苦是我完成论文的重要保障！

衷心感谢博士后论文答辩老师对我论文提出的宝贵意见和指导！你们的意见让我的思路更加宽广、更加成熟！谢谢你们！

最后，对于黑龙江大学青年科学基金项目"黑龙江省哲学社会科学研究规划一般项目（16JYB12）资助；黑龙江大学重点规划处学科经费的资助"，在此一并表示感谢！